广东省普通高校特色创新类项目（2023WTSCX061）

从有罪推定
到无罪推定

摆脱传统的思想启蒙与制度革新

莫然　著

北京出版集团
北京出版社

图书在版编目（CIP）数据

从有罪推定到无罪推定：摆脱传统的思想启蒙与制度革新 / 莫然著. — 北京：北京出版社，2023.12
ISBN 978-7-200-18411-2

Ⅰ. ①从… Ⅱ. ①莫… Ⅲ. ①刑事诉讼—司法制度—研究—中国 Ⅳ. ①D925.204

中国国家版本馆CIP数据核字（2023）第250473号

从有罪推定到无罪推定
摆脱传统的思想启蒙与制度革新
CONG YOUZUI TUIDING DAO WUZUI TUIDING
莫然　著

出　　版	北京出版集团 北京出版社
地　　址	北京北三环中路6号
邮　　编	100120
网　　址	www.bph.com.cn
发　　行	北京伦洋图书出版有限公司
印　　刷	北京汇瑞嘉合文化发展有限公司
经　　销	新华书店
开　　本	880毫米×1230毫米　1/32
印　　张	8.25
字　　数	181千字
版　　次	2023年12月第1版
印　　次	2023年12月第1次印刷
书　　号	ISBN 978-7-200-18411-2
定　　价	78.00元

如有印装质量问题，由本社负责调换
质量监督电话：010-58572393

序　言

在法治发展的漫长历程中，有罪推定与无罪推定一直是法学界的核心讨论点。莫然老师的专著《从有罪推定到无罪推定：摆脱传统的思想启蒙与制度革新》正是关于这一问题的深刻思考。

本书作者凭借其敏锐的学术洞察力和深厚的法学素养，为我们勾勒出无罪推定在我国从被排斥、抗拒到接受、认可的漫长演变过程。作者并未追求宏大的论述框架，也避免了使用慷慨激昂的言辞来吸引眼球，而是选择了一条更为内敛且深刻的研究路径。作者以一种平和而审慎的态度，在历史的细枝末节中细致地探寻无罪推定在中国的发展轨迹。虽然这种方法显得低调，但其深远的意义和价值不容忽视。

无罪推定作为现代刑事法治的基石，本质上涉及国家与公民之间的关系，以及国家权力在刑事诉讼中的运作。本书通过深入剖析这一原则，不仅清晰地描绘了我国刑事司法制度从有罪推定向无罪推定转变的历史脉络，而且深刻地揭示了这一转变背后思想启蒙与制度革新的复杂历程。作者并未止步于历史分析，而是在深入剖析的基础上，对无罪推定在我国刑事司法领域的践行进行了富有前瞻性的思考。在当前我国法治建设的关键时期，如何处理中国传统法律文化与西方先进法学思想、理论、原则和制度之间的关系，是一个重大课题。本书无疑将为这一课题的解决提供一种新的思路。此外，本书关于无罪推定的深入剖析，也许能够为解决当下或未来的刑事司法难题提供借鉴。

近年来，随着大数据、人工智能等技术在司法领域的广泛应用，无罪推定在我国的践行面临新的挑战与机遇。我国刑事司法系统在提高司法效率、精准打击犯罪的同时，也必须面对可能对被追诉人的权利造成的威胁。本书在进行深入研究的基础上指出，在利用科技手段提高司法效率的实践中，如何避免对无罪推定的"克减"，是我们必须认真对待的问题。本书指出，各种新技术在刑事侦查活动中的运用固然可以为案件侦查提供关键证据，帮助司法机关揭露和预防犯罪，但是数据驱动下的刑事侦查活动也可能导致公民个人信息被过度收集和分析，从而侵犯公民的隐私权。当下，无罪推定在我国的践行需要重新审视和调整刑事诉讼中的证据规则、审判程序以及司法裁量权的运用；需要与个人数据保护、网络安全等新兴法律领域相结合，形成新的法律规范和原则；需要我们在新的背景下继续探索无罪推定在我国践行的路径。作者对无罪推定在我国践行所面临的机遇和挑战进行了深入分析，为我们如何在司法实践中更好地维护被追诉人的合法权益，如何在打击犯罪和保障人权之间找到平衡点，提供了新的视角和思路。从这个意义上说，本书虽然不以宏大的立论和慷慨激昂的言辞吸引眼球，但其学术价值和实践意义却是显而易见的。它以一种平和的方式，对无罪推定在思想史、制度史和司法实践三个层面的发展脉络进行了全方位的考察，对于推动我国法治建设和刑事司法改革具有重要的参考价值和借鉴意义。

在本书的撰写过程中，作者展现了严谨的学术态度。她对无罪推定的深入分析，不仅丰富了我们对这一法律原则的认识，也为我国刑事司法实践提供了宝贵的理论支持。此外，作者在书中提出的制度创新建议，体现了其对我国刑事司法改革的深刻洞察力和前瞻性思考。

我作为作者学术道路上的同行者，见证了她从一名法学学子成长为法学领域的新锐学者。在本书撰写过程中，我们之间的多次交流和讨论，对我也有所启发。在此，我特别推荐这本书给所有对法治、正义、人权有兴趣的读者，它不仅能够帮助我们更好地理解无罪推定，更能够激发我们对法律、社会、文化问题的深层次思考。我相信，通过阅读这本书，每个人都能够获得思想的启迪和精神的滋养。

最后，我要对莫然老师表示衷心的祝贺。这部专著是她个人学术生涯的一座界碑。我期待她未来有更多优秀的作品问世，为我们的法学研究和司法实践贡献更多的智慧和力量。

郭天武

2024年4月于中大康乐园

目 录

导 论 ·· 1

第一章 无罪推定概述 ·· 7
第一节 无罪推定之内涵 ·· 7
第二节 无罪推定确立的理论基础 ···························29

第二章 封建专制时期——有罪推定的传统及其流变 ········66
第一节 封建君主专制体制下国家权力与个人权利
之关系 ···67
第二节 有罪推定在古代中国刑事司法之体现 ········73

第三章 从批判到推崇——无罪推定的思潮与论争 ··········80
第一节 无罪推定性质之争 ······································81
第二节 无罪推定立法之争 ······································96
第三节 无罪推定的本土化 114
第四节 无罪推定的权利化 128

第四章　无罪推定在我国立法中的确立与推进⋯⋯⋯ 144
第一节　1979年刑事诉讼法：无罪推定萌芽 ⋯⋯⋯ 145
第二节　1996年刑事诉讼法修改：无罪推定
初步确立 ⋯⋯⋯⋯⋯⋯⋯⋯⋯⋯⋯⋯⋯ 156
第三节　2012年刑事诉讼法第二次修改：
无罪推定继续推进 ⋯⋯⋯⋯⋯⋯⋯⋯⋯ 170
第四节　2018年刑事诉讼法第三次修改：
无罪推定的提升 ⋯⋯⋯⋯⋯⋯⋯⋯⋯⋯ 184

第五章　无罪推定在我国的践行与面临的挑战⋯⋯⋯⋯ 193
第一节　1996年刑事诉讼法修改前后无罪推定的
践行 ⋯⋯⋯⋯⋯⋯⋯⋯⋯⋯⋯⋯⋯⋯⋯ 193
第二节　2012年刑事诉讼法修改前后无罪推定的
践行 ⋯⋯⋯⋯⋯⋯⋯⋯⋯⋯⋯⋯⋯⋯⋯ 203

第六章　数字时代无罪推定面临的挑战与机遇⋯⋯⋯⋯ 211
第一节　我国刑事诉讼程序对公民个人信息保护的
反思与完善 ⋯⋯⋯⋯⋯⋯⋯⋯⋯⋯⋯⋯ 212
第二节　无罪推定视角下刑事案件远程审理中辩护
权的保障 ⋯⋯⋯⋯⋯⋯⋯⋯⋯⋯⋯⋯⋯ 232

余论：无罪推定在我国刑事司法中的未来⋯⋯⋯⋯⋯⋯ 247

导　论

在中国这个文明古国，封建君主专制制度存在了两千多年。在封建专制时期，我国长期实行纠问式诉讼模式，为有罪推定提供了最为适宜的土壤，因此封建专制时期是有罪推定在我国的繁盛时期。有罪推定是公民个人权利被统治阶级剥夺的必然产物，并逐渐成为封建专制时期我国法文化和公众法律心理的重要组成部分。清末，西方先进法学思想逐步传入，无罪推定伴随着西方法学思潮涌入中国。民国时期，无罪推定在我国法律中得到确立。但是国民政府的法律不过是一纸空文，无罪推定并未给水深火热中的民众带来任何改变。1949年2月22日，中共中央发出《关于废除国民党〈六法全书〉和确定解放区司法原则的指示》，通过大规模的"废除国民党《六法全书》运动"废除了国民政府颁布的所有法律，以期建立新中国的社会主义法律体系。在"废除国民党《六法全书》运动"中，无罪推定首当其冲，进入被废除之列。自此，在有罪推定与无罪推定的问题上历史似乎转了一个圈，我国再度开始了从有罪推定到无罪推定的漫长历程。这个历程充满了艰辛、坎坷和反复。

纵观我国刑事诉讼法的立法历程，虽然无罪推定所蕴含的"以人为本"之精神内核逐渐在立法中得到确立，但从立法到司法实践仍面临诸多挑战。从1996年刑事诉讼法第一次修改至2012年刑事诉讼法第二次修改期间所发生的几起代表性的刑事案件的诉讼过程，可以窥见无罪推定在我国确立面临的困境。立法对无罪推定基本精神的认可遭到司法实践的抵触、社会公众的质疑，有罪推定的惯性思维与传统做法依然在司法实践中占据重要位置。无罪推定观念的缺失是立法与司法实践脱节的重要原因，也是无罪推定在我国确立面临的最大挑战。党的十八大以来，在习近平新时代中国特色社会主义思想指引下，在全面依法治国背景下，刑事诉讼模式调整加快步伐。2013年，第二次修改的刑事诉讼法及司法解释生效实施，强化了刑事庭审功能；2014年，党的十八届四中全会公报提出推进以审判为中心的诉讼制度改革等一系列司法改革举措；2013年以来，人民法院通过审判监督程序依法纠正数十起重大刑事冤错案件和多起涉产权刑事错案，呼格吉勒图案、聂树斌案和张文中案等案件的改判，反映了刑事诉讼模式的进步。2006年，最高人民法院院长肖扬在第五次全国刑事审判工作会议上提出的坚持惩罚犯罪与保障人权并重、不枉不纵、防止冤案错案等观点，反映了新时代的刑事诉讼模式理念。但是新时代刑事司法实践也出现了诸多新问题，无罪推定在我国的践行面临新挑战。随着大数据等技术在司法领域的应用越来越广泛，大数据在打击网络犯罪上发挥着越来越重要的作用。但在数字时代，我们必须考虑大数据在刑事司法活动中的应用会给无罪推定的践行造成什么影响。有学者提出了"数字无罪"的观点，将无罪推定具体化为数字无罪推定原则，这意味着在数字时代无罪推定会呈现出新的内涵和表现形式。此外，随着认罪认罚从宽制度在司法实践中的适用率大幅度提升，在被告人认罪认罚的情况下如何保障其辩护权、是否可以降低证明标准、如何确保认罪的自愿性等，成为无罪推定在我国践行面对的新问题。新问题会给无罪推定在我国的践行带来什么样的新挑战，又该如何应对？笔者认为答案就隐藏在过去漫长的历史之中，只有进行一种历时性分析，梳理和勾勒出我国刑事司法从有罪推定到无罪推定的发展脉络，方能为解答以上问题找到正确的视角。

我国从有罪推定向无罪推定迈进的历程，可以从两个视角展开剖析。

从内在决定因素的视角来看，从有罪推定向无罪推定迈进必须具备两大理论基础，分别是"以人为本"人权观的树立与以民主和法治为核心特征的"民授合法性基础"的确立。无罪推定乃是人权保障观念在刑事诉讼场域中之体现，必须建立在人权观念高度发展的基础之上，集中表现为"以人为本"人权观的树立。公民人权意识的觉醒势必引发对国家权力合法性基础的质疑，进而推动国家权力合法性来源理论和权力运作模式的变革和调整，朝着以民主和法治为核心特征的"民授合法性基础"的确立的方向发展。在以民主和法治为核心特征的"民授合法性基础"的国家权力运作的大环境之下，法治型诉讼模式[①]

[①] 法治型诉讼模式是以程序法治为基本理念，在刑事诉讼过程中由程序为国家权力运作提供刚性的法律规范。它的基本特征是通过程序禁止国家权力滥用，要求国家权力自我限制；给予公民防御权利，以抵御国家权力的侵犯。从这个角度来看，无论是普通法系国家所采用的当事人主义诉讼模式，还是大陆法系国家所采用的职权主义诉讼模式，在诉讼理念、基本原则和制度设置上都不约而同地体现出程序法治理念，并且具有上述法治型诉讼模式的基本特征，因此笔者将它们统称为"法治型诉讼模式"。

才能取代纠问式诉讼模式成为刑罚权运作的方式，无罪推定作为法治型诉讼模式之基石也才能真正取代有罪推定获得确立。我国从有罪推定向无罪推定迈进的历程正是"以人为本"人权观的树立与以民主和法治为核心特征的"民授合法性基础"的确立这两大理论基础形成和成熟的过程。

从外在具体表现的视角来看，我国从有罪推定向无罪推定迈进主要从以下三个层面实现具象化：一是无罪推定作为法学思想在学术层面上之确立；二是无罪推定作为刑事司法基本原则在立法层面上之确立；三是无罪推定作为社会观念在实践层面上之确立。无罪推定在我国的确立必须建立在学术层面准备充分的基础之上，唯有学术论证成熟方能引导和刺激立法活动，实现无罪推定从抽象思想向具体制度的转变。法律的修改必定对司法实践产生重大影响，但并不意味着司法实践必定与立法同步。立法精神若要在司法实践中得到全面贯彻并获得良好的社会效果，必须内化为一种社会观念扎根于社会公众心中。三个层面虽然在次序上有先后，但是最终形成了交织在一起的关系链，无罪推定在我国的确立正是在这三个层面相互影响、相互作用的过程中不断迈进的。

无罪推定作为法学思想在学术层面上的确立主要表现为四次全国范围的论争。第一次论争是20世纪50年代发生的"无罪推定性质之争"，争论的焦点是无罪推定是否专属于资产阶级国家。虽然这场论争以无罪推定被打压而告终，但起到了启蒙的作用。第二次论争是从1979年刑事诉讼法颁布至1990年左右的"无罪推定立法之争"，争论的焦点是我国是否应该确立无罪推定。这场论争为1996年刑事诉讼法第一次修改中无罪推定基本精神的体现创造了条件。第三次论争是从1996年刑事诉讼法第一次修改至2000年左右的关于无罪推定本土化的探讨，这场论争标志着我国学界已经接受了无罪推定，进入了司法实践的操作方式讨论阶段。第四次论争是在2012年刑事诉讼法第二次修改前后，争论的焦点是如何在刑事诉讼程序中实现无罪推定权利化。

从1979年刑事诉讼法中有罪推定仍有残余，到1996年刑事诉讼法第一次修改中无罪推定基本精神的体现，再到2012年刑事诉讼法第二次修改中无罪推定的典型代表"不被强迫自证其罪"在法律条文中明确提出（"不得强迫任何人证实自己有罪"），展现了无罪推定在我国立法中不断推进之轨迹。在2012年刑事诉讼法第二次修改后应司法实践的迫切需求，2018年刑事诉讼法第三次修改，进一步完善了认罪认罚从宽制度并首次确立了缺席审判程序和速裁程序。虽然2018年刑事诉讼法的修改涉及内容不多，但却进一步体现了我国刑事司法改革路径中对无罪推定的承继与发扬，体现了"以人为本""和谐社会"等新时代社会主义发展理念，对于后续的刑事诉讼制度创新具有积极作用，进一步践行了我国运用法治思维与法治方式在法治轨道上开展工作的原则，是我国刑事诉讼法治建设与法治国家建设取得的进步的重要体现。

本书没有宏大的立论，只是在历史的细枝末节中平静地寻找答案。无罪推定本质上涉及国家与公民之间的关系以及国家权力在刑事诉讼中的运作，笔者希望本书不仅能够清晰地勾勒出我国从有罪推定向无罪推定迈进的轨迹，把握住背后思想启蒙与制度革新的路径，进而在此基础上展望无罪推定在我国未来之发展，为我国在建设社会主义法治国家过程中如何处理中国传统法律文化与西方先进法学思想、理论、原则和制度之间的关系提供最为直观的参考和借鉴，还能够对当下或未来的刑事司法难题的解决提供有价值的借鉴，获得一种学术上的价值。

第一章 无罪推定概述

从无罪推定的发展脉络来看，它从最初西方奴隶制社会关于自然正义的朴素思想逐渐发展成为世界各国公认的刑事诉讼基本原则，进而成为国际公约中明文规定的公民基本权利，在世界各国人权保障的宪政实践中发挥着重要作用。显然，几百年来随着政治、经济制度和社会观念的变迁，无罪推定的内涵也在不断丰富，但是它始终围绕着同一个问题——"国家应当如何对待犯罪嫌疑人和被告人？"，这是任何刑事诉讼模式都必须回答的问题，其本质是国家刑罚权合法化路径的选择。

第一节 无罪推定之内涵

作为人权保障观念和程序法治理念在刑事司法中的具体体现，无罪推定对刑事诉讼中国家权力的运作提出了极为严格的要求，除了表现为保障公民权利不受侵犯，还体现在它对国家权力的扩张形成积极制约，并在此基础上确定国家权力与公民权利二者的结构性关系。无罪推定通过调控举证责任分配机制,确保当事人享有正当权利,约束公共权力的不当行使。因此,只有从"约束国家权力""保障公民权利"的角度对无罪推定之内涵进行辩证分析,才能把握其基本精神和价值追求。目前,学者普遍认为无罪推定是一系列刑事司法理念和基本原则的概括,可以派生出许多刑事诉讼规则。例如,证明被告人有罪的责任由控诉方承担,而被告人无义务证明自己有罪或无罪;控诉方不得采用非法的方法收集证据;疑罪从无,控诉方履行证明责任必须达到排除合理怀疑的程度,未达到法定证明标准,仅凭现有证据不足以认定被告人有罪的,应做出有利于被告人的处理;辩护人享有以辩护权为中心的各项权利;最终认定犯罪嫌疑人、被告人有罪的主体只能是法院,法院享有独立审判权;等等。[1]上述都是无罪推定内涵的组成部分,然而这样的解读显得过于凌乱,无法凸显其本质,因此笔者拟从三个层面诠释无罪推定之内涵——诉讼证明层面、被追诉人权利保障层面及对国家权力的程序制约层面。无罪推定正是通过以上三个层面的相关制度设置和程序构建在刑事诉讼中贯彻其精神、落实其具体要求,最终实现约束国家权力、保障公民权利的目标的。

一、无罪推定内涵在诉讼证明层面之体现

无罪推定由来已久,自始便与诉讼证明活动密切关联,其

---

[1] 杨宇冠:《重论无罪推定》,《国家检察官学院学报》2005年第3期。

内涵在诉讼证明层面也得到充分的体现。无罪推定通过假定被告人无罪从而使其免受国家权力之侵犯。然而这种假定是基于对公民权利之保障,并非基于对案件事实之判断,因此无罪推定本身与案件事实无涉,并非对被告人"无罪"或"有罪"的判断,而是对国家权力应当如何运作的规范。在诉讼证明层面,无罪推定表现为国家应当如何进行诉讼证明活动。首先,无罪推定作为一种可以推翻的假定,只能凭借证据予以推翻,那么应当由谁承担推翻它的责任?这便涉及举证责任分配的问题。其次,如何判断证据是否充分?这便涉及证明标准的问题。最后,如果证据不足,无罪推定是否可以维持?这便涉及疑罪从无的问题。以上三个方面正是无罪推定内涵在诉讼证明层面之体现。

(一)无罪推定与举证责任

举证责任是指启动或延续刑事诉讼程序并希望法院依其主张裁判或存在对其不利法律推定的刑事诉讼主体,必须就其主张的、对定罪量刑具有决定作用的待证事实或为推翻对其不利的推定事实提出足够证据,并运用证据对待证事实或者为推翻对其不利的法律推定加以证明达到法律规定的程度。如刑事诉讼主体不能提出证据,或者提出的证据不足以证明所主张事实存在或推翻对其不利的法律推定时,则遭受不利裁判之危险。[1]国内外学者普遍认为,无罪推定的内涵首要便体现在举

---

[1] 孙长永主编:《刑事诉讼证据与程序》,中国检察出版社2003年版,第71—72页。

证责任分配方面。通过举证责任分配体现出无罪推定对国家追诉权的约束。

刑事诉讼开始之后，应当由哪一方承担举证责任呢？显然，承担举证责任的一方必须竭尽所能寻找一切可以支持其观点的证据以说服审判机关。遵照无罪推定，被告人在被证明有罪之前都应当被推定为无罪。换言之，公民的无罪是一种常态。既然作为国家公诉机关的控诉方对这种常态提出了质疑，那么自然应当由提出质疑者收集证据来证明其观点。国家公诉机关是刑事诉讼中国家权力的代表，手中握有追诉权，因此有启动刑事诉讼的权力。正是为了防止公诉机关滥用追诉权才必须对其权力的行使克以责任，将举证责任这一重任加在公诉机关身上的原因也在于此。如此一来，公诉机关若要启动诉讼，必须从内心确信手中所掌握的证据能够说服审判机关，否则举证责任便会使其承担相应的不利后果。公诉机关出于对不利后果的顾忌而限制恣意提起诉讼则是举证责任约束国家追诉权的体现。为了不使被告人被强迫自证其罪，唯一的办法便是要求公诉机关承担诉讼成败的责任。

（二）无罪推定与证明标准

被告人未经过一定程度的证明不得被认定为有罪。世界各国对于刑事诉讼中的证明标准都有规定。如果没有证明标准的规定，那么公诉机关的举证责任便形同虚设，无法对其滥用国家追诉权的行为真正有所约束。只有对其举证责任设置一定的要求，即证明标准，以判决举证责任完成与否，才能真正对国家权力的滥用进行约束。

"排除合理怀疑"是英美法系国家对证明标准的表述，产生于18—19世纪。所谓排除合理怀疑，指的是"全面的证实、完全的确信或者一种道德上的确定性；该词与清楚、准确、无可置疑的意思相当"。"排除合理怀疑的证明，并不排除轻微可能的或者想像的怀疑，而是排除每一个合理的假设，除非这种假设已经有了根据；（排除合理怀疑的证明）是'达到道德上确信'的证明，是符合陪审团的判断和确信的证明，作为理性的人的陪审团成员在根据有关指控犯罪是由被告人实施的证据进行推理时，是如此确信，以至于不可能作出其他合理的推论。"[1] "内心确信"（又称"自由心证"）则是大陆法系国家对证明标准的通常表述。1791年1月，法国制宪会议首次在立法中废除法定证据制度并确立了自由心证制度。1808年，法国刑事诉讼法典对自由心证制度做了详尽的规定："法律不要求陪审员说明他们是如何获得心证的。法律也不规定要求他们必须遵守的关于证据的规则。法律命令他们以真挚的良心问自己：为了证明被告有罪而提出的证据和被告方面的防御给了他们的理性以何种印象……法律只是向他们提出一个能够概括他们职务上全部尺度的问题：你们是真诚地确信的吗？"[2]

表述的区别并不影响二者在刑事诉讼中证明程度上达成共识，"内心确信"和"排除合理怀疑"不约而同地契合了无罪推定对国家权力在刑事诉讼中运作的约束。它们的设置不仅是

---

[1] 王敏：《论无罪推定》，硕士学位论文，中国政法大学，2006年，第10—11页。
[2] 樊崇义主编：《证据法学》（第三版），法律出版社2003年版，第307页。

为了防止审判者恣意定罪，还要求必须形成信念上的确信，并且这种确信是建立在证据足够基础之上而非凭空而来的。控诉方要推翻被告人无罪的假定，不仅需要提出足够证据，还要达到法定证明标准。

（三）疑罪从无

如果说举证责任的分配是无罪推定在诉讼证明领域的序幕，那么疑罪从无则是华彩的结尾。它明确地告诉每一个公民：国家权力对你的质疑没有达到法定要求时，这种质疑便无法对你的生活造成任何影响和伤害。无怪乎曾经很长一段时间我国学者都将我国立法对疑罪从无的确立视为对无罪推定的确立。

"在一部分犯罪事实已经确证，而另一部分罪行存在疑问时，存疑的那部分罪行推定其不能成立；对行为人主观上是故意还是过失难以分清时，应以过失认定。"[①]亦即如果没有确实、充分的证据证明犯罪嫌疑人、被告人有罪，就应做无罪处理，这可以说是无罪推定对国家权力提出的最根本的要求。疑罪从无不仅是对国家追诉权的限制，更重要的是对国家定罪权的约束，要求国家在宣称一个公民为罪犯之前，一定要慎之又慎，保持权力的极度克制和谦抑。故而因疑问而产生的不利结果不应当由被追诉人承担，而应当认定控诉方举证责任并没有完成，这也正是无罪推定内涵之所在。

---

① 崔敏：《中国刑事诉讼法的新发展——刑事诉讼法修改研讨的全面回顾》，中国人民公安大学出版社1996年版，第229—230页。

疑罪从无可以说是人们对过去事实发现和认定方面能力有限的承认和解决，即便国家机关竭尽所能进行相关事实的证明工作，最后依然可能存有无法解答的疑问，这可以说是诉讼法的宿命。但是诉讼程序仍然要继续，刑事诉讼一旦启动就必须做出是否有罪的结论。于是在罪与非罪之间，选择前者意味着对国家权力的放纵，选择后者意味着对国家权力的约束。根据疑罪从无的要求，在存有疑问时，应当做出对被告有利的判决，于是对国家权力的约束成为最终的选择。

通过诉讼程序查明事实真相是国家刑罚权获得合法性的重要条件之一，然而在诉讼程序中，一切事实真相都必须依靠证据予以展示，因此诉讼证明活动自然成为诉讼程序构建的重点。整个诉讼证明活动其实也是国家运用权力查清案件事实的过程，意味着国家将动用诸多手段完成取证和举证活动，不可避免地会给被追诉人和第三人的权利带来损害。这种损害必须控制在一定范围之内，否则公民将会在被定罪之前便遭受来自国家权力的侵犯。此外，虽然事实真相对于国家刑罚权的合法化运作十分必要，但是不等于在对事实真相存有疑问的情况下，国家刑罚权便无法运作。无罪推定正是国家对事实真相存有疑问时所进行的价值取舍，是在刑事程序法治理念和人权保障观念双重维度下国家刑罚权合法化运作的必然选择。这样的取舍，不仅能够满足公民对于保障刑罚权行使下的个人权利的需求，国家也同样能够基于这一取舍获得权力运作的合法性。

二、无罪推定内涵在被追诉人权利保障层面之体现

无罪推定思想可谓源远流长,甚至可以追溯到奴隶社会。最早提出无罪推定的是意大利法学家切萨雷·贝卡里亚。他的那段论述至今依然被视为经典:"犯罪或者是肯定的,或者是不肯定的。如果犯罪是肯定的,对他只能适用法律所规定的刑罚,而没有必要折磨他,因为,他交待与否已经无所谓了。如果犯罪是不肯定的,就不应折磨一个无辜者,因为,在法律看来,他的罪行并没有得到证实。"[①]诚如苏力所言:"贝卡里亚是在谈论废除刑讯的语境中提出(无罪推定)这一主张的。"[②]贝卡里亚处于资产阶级启蒙思想风起云涌的时代,他提出的无罪推定思想带有那个时代深刻的印记。当时正是法定证据制度和纠问式诉讼模式在欧洲盛行的时期,刑事侦查技术的落后以及形式和理性两方面证据的刻板使得在刑事案件中找到定罪依据十分困难,并使被告人的口供成为国家证明案件事实最为重要的证据来源,被告人沦为国家查明事实真相的工具。这个时期的欧洲无疑是有罪推定的乐土,在有罪推定的阴影之下运作的刑事诉讼程序根本无法有效地约束国家权力,被追诉人只能被动地成为国家权力作用的对象,毫无还击之力。这样的刑事诉讼制度受到了当时众多法学家的强烈抨击,贝卡里亚便是其中

[①] [意]切萨雷·贝卡里亚:《论犯罪与刑罚》,黄风译,北京大学出版社2008年版,第37页。
[②] 苏力:《制度是如何形成的》,中山大学出版社1999年版,第55页。

的佼佼者，他在社会契约论的基础上经过大量的论证和深入的分析提出了无罪推定。但是受到当时政治制度和思想观念所限，贝卡里亚的无罪推定思想并没有对被追诉人在刑事诉讼中所处的被动地位提出质疑，而仅仅满足于为被追诉人争取不被刑讯等消极权利。由最初贝卡里亚的无罪推定中演绎出的被告人权利基本上均是"消极性权利"，即某些不受国家权力侵犯的权利，这些权利的实现完全依赖于国家权力的规范行使，否则便没有保障。当然，这些权利对于国家而言，就是要求权力不得侵犯的明令禁止，维护这些权利是国家的义务。但仅仅划定权力的界限是不够的，权力除去为社会公共利益服务之外的另一面是，它的扩张性、腐蚀性和破坏性。[1]在贝卡里亚之后两百多年来，政治制度方面民主和法治的快速发展，思想观念方面人权保障观念和程序法治理念的不断成熟，成为无罪推定内涵在刑事诉讼中不断丰富的"催化剂"。无罪推定对被追诉人权利保障的力度不断加大，从肯定其消极权利转变为将被追诉人视为诉讼主体，赋予其相应的诉讼权利使其能够有效地参与到诉讼之中。诉讼参与性问题可以说是评价民主制度的重要指标。另外，程序成为法治的核心，它具有限制恣意、保证理性选择、强化法律的社会化效果和反思性整合等功能。[2]确保被追诉人能够有效地参与到诉讼之中，主张并行使自己的权利成为无罪推定内涵在被追诉人权利保障层面的重要体现。

---

[1] 程燎原、王人博：《权利及其救济》，山东人民出版社1998年版，第193页。
[2] 季卫东：《法治秩序的建构》，中国政法大学出版社1999年版，第15—20页。

（一）确立被追诉人主体地位

随着社会不断发展，无罪推定也发生了重要的变化，被追诉人在刑事诉讼中的地位受到学者的质疑。基于无罪推定的根本理念，被追诉人既然被推定为无罪，那么在刑事诉讼中就应当具有与国家权力相抗衡的力量和地位，应当被视为诉讼主体并享有相应的诉讼权利。换言之，被追诉人可以选择主动放弃行使这些权利而消极地等待判决，但是这必须以他享有这些权利为前提。无罪推定的最大意义在于使被追诉人从封建专制刑事司法中的纠问客体转变为享有辩护权的诉讼主体，从而为被追诉人享有广泛的诉讼权利提供了有力的理论依据。"德国学者Otto Triffterer即认为：'在历史上，被告人的诉讼角色经历了从仅仅一种诉讼客体到一种能够积极参与和影响诉讼程序进程的刑事诉讼主体的变化。由于拥有了逐渐增多的权利保障，而其中每一项权利的范围又不断扩大，被告人作为诉讼主体的诉讼角色也同时得到了巩固。'"[①]被追诉人的主体地位集中表现为在因涉嫌犯罪而受到追诉，与代表国家权力的国家机关发生关系的情况下，能够作为主体享有相应的权利，与国家机关平等对话，而不是作为国家权力作用的客体。可以说，以无罪推定为理论依据的被追诉人主体论影响了世界各国的刑事诉讼法。许多国家不约而同地把确立被追诉人的主体地位作为刑事诉讼程序构建的出发点。辩护制度正是在此背景之下得到长足发展的。

---

① 陈瑞华：《刑事审判原理论》，北京大学出版社1997年版，第221页。

（二）辩护制度

辩护制度是以无罪推定和被追诉人主体地位的确立为前提的。辩护权是被追诉人所享有的其他一系列法定权利转化为事实权利的基础。在辩护权统率之下，被追诉人的权利体系方能得以构建，才能拥有和国家权力抗衡的"武器"。

辩护制度可以说是一项非常古老的制度，有着悠久的历史，可以追溯至古罗马时代。1836年英国的威廉四世颁布的一项法律规定："不论任何案件的预审或审判，被告人都享有辩护权。"美国在法典中也做出了相关的规定，后为美国宪法第六修正案所继承："在一切刑事诉讼中，被告得享受下列权利：由罪案所发生之州和地区之公正陪审团予以迅速及公开之审判，该地区应事先以法律确定；获知受控事件之性质与原因；与原告证人对质；以强制方式取得有利于自己之证据及辩护律师之协助。"[1] 这一规定将被告人的辩护权上升到了宪法的高度，视其为公民的基本权利之一，足可见辩护权的重要性。

被追诉人的辩护权覆盖刑事诉讼始终，集中体现在审判阶段。案件进入审判阶段后，诉讼呈现出控、审、辩三方结构，诉讼程序确保享有辩护权的被追诉人能够与掌握国家权力的控方平等地进行对抗。辩方与控方对审判有同等的参与权，辩方对证人的询问权、证据出示权、证据异议权、辩论权、请求延期审判权以及动议提出权等，与控方是相同或对应的，从

---

[1] 朱曾汶译：《美国宪法及其修正案》，商务印书馆2014年版，第15页。

而使辩方与控方平等地进行对抗，进而对诉讼产生实质性的影响。

（三）不被强迫自证其罪特权

不被强迫自证其罪特权是被追诉人摆脱了自身作为证据来源的客体地位，从而能够凭借自己的意志决定是否提供口供，并且不因拒绝提供口供而受到来自国家权力的任何强迫和不利后果。

在所有类型的刑事诉讼证据中，口供对于发现事实真相有着极为独特的价值，从纠问式诉讼模式中司法机关不择手段获取被追诉人口供的行为便可见一斑。这种"不择手段"是建立在被追诉人作为国家发现事实真相之客体的基础之上的。随着公民权利意识的觉醒，国家权力运作模式的转变，被追诉人作为诉讼主体的地位获得确立，不被强迫自证其罪特权正是被追诉人获得主体地位的必然结果。时至今日，不被强迫自证其罪特权已经成为现代法治国家刑事司法制度的一项重要内容，是被追诉人能否真正享有辩护权的基础之所在。是否确认不被强迫自证其罪特权及是否建立了保障其实现的程序机制，不仅体现出一个国家在特定时期对实体真实与正当程序、控制犯罪与保障人权等相冲突的诉讼价值的态度，而且也反映出一个国家的刑事诉讼程序中被追诉人的人权状况和刑事诉讼文明与进步的程度。

"根据西方学者的解释，所谓任何人不受强迫自证其罪原则，包含以下含义：一是被告人没有义务为追诉方向法庭提出任何可能使自己陷入不利境地的陈述和其他证据，追诉方不得采取任何非人道或有损被告人人格尊严的方法强迫其就某一案件事实作出供述或提供证据；二是被告人有权拒绝回答追诉官员或法官的讯问，有权在讯问中始终保持沉默。司法警察、检察官或法官应及时告知犯罪嫌疑人、被告人享有此项权利，法官不得因被告人沉默而使其处于不利的境地或作出对其不利的裁判；三是犯罪嫌疑人、被告人有权就案件事实作出有利或不利于自己的陈述，但这种陈述须出于真实的愿意，并在意识到其行为后果的情况下作出，法院不得把非出于自愿而是迫于外部强制或压力所作出的陈述作为定案根据。"[1]

任何人不被强迫自证其罪已为当今世界绝大多数国家所确认，有些国家甚至写进宪法。比如，《加拿大权利与自由宪章》第11条规定："任何被指控为犯罪的人有权：……（四）在由一个独立的、公正的法庭举行公平和公开的审判，并按照法律证明其有罪之前，应推定其为无罪。"[2] 日本《宪法》第38条规定："任何人均不得被强制作不利于自己的供述。以强迫、拷问或威胁所得的口供，或经过非法的长期拘留或拘禁后获得的口供，均不得作为证据。如果对自己不利的惟一证据是本人口供时，任何人均不得被判有罪或科以刑罚。"[3] 德国刑事诉讼法第136条规定，初次讯问开始时，要告诉被指控人所被指控

---

[1] 宋英辉、吴宏耀：《任何人不受强迫自证其罪原则及其程序保障》，《中国法学》1999年第2期。
[2] 《世界各国宪法》编辑委员会编译：《世界各国宪法 美洲大洋洲卷》，中国检察出版社2012年版，第607页。
[3] 《世界各国宪法》编辑委员会编译：《世界各国宪法 亚洲卷》，中国检察出版社2012年版，第496页。

的行为和可能适用的处罚规定,并告知他依法有就指控进行陈述或者对案件不予陈述的权利;第243条规定,检察官宣读罪状后,审判长告知被告人,可以自行决定对公诉做答辩还是对案情不予陈述。被告人愿做答辩时,对他就案情予以讯问,等等。

不被强迫自证其罪特权一直被视为源于无罪推定,甚至在美国法学界有不少学者将不被强迫自证其罪特权与无罪推定相互替换。且不论这一观点是否正确,但是足以说明不被强迫自证其罪特权与无罪推定之间密不可分的关系。无罪推定对被追诉人主体地位的确认成为被追诉人享有不被强迫自证其罪特权的理论依据,而后者的运用和发展又反过来丰富了无罪推定的内涵。

三、无罪推定内涵在国家权力制约层面之体现

无罪推定对刑事诉讼程序的构建有着极为深远的影响,它确定了整个刑事诉讼程序中国家权力运作的基调,每一个细节的构建中都显现出刑事程序法治理念的"身影"。刑事程序法治理念是程序法治和法治建设中最突出的一面,是国家刑罚权运作的一整套规则。因为在刑事诉讼程序中运作的国家刑罚权能够对公民实施最为严厉的惩罚措施,故而世界各国都力图通过程序实现对国家刑罚权运作的规范和制约,这便是刑事程序法治理念之价值所在。美国学者索乌坦指出:"力求使实质的、形式的和程序的考虑相互平衡是法治的核心任务","人们可以

认为一般的宪政只不过是在正当程序概念普遍化过程中的更进一步而已"。[①]刑事诉讼程序中处处都有国家刑罚权的"身影",司法机关的刑事司法活动正是行使国家刑罚权惩罚犯罪的过程。在这个过程中,国家刑罚权的运作势必会对犯罪嫌疑人和被告人的其他合法权利造成侵犯和威胁,更重要的是,为收集证据、查获犯罪人,不可避免地会对有关公民的人身、住所等进行一定程度的干预,甚至采取强制措施限制或剥夺公民的人身自由。如果刑事诉讼程序不正确、合法地进行,还可能会牵连无辜的人受到错误的追诉、审判和处刑乃至被剥夺生命。在众多的国家权力中,刑罚权的运作是最有可能对公民权利造成损害的。刑事程序法治理念旨在通过诉讼程序实现对国家刑罚权的约束,这正是无罪推定内涵在国家权力制约层面的体现——在国家刑罚权面前,任何一个公民都是潜在的被告人;如果国家刑罚权失去控制,那么任何一个公民都面临着随时沦为被告人的危险。因此,对国家刑罚权的约束需要通过一系列制度设置和程序构建予以实现。刑事程序法治理念正是作为制度设置和程序构建的基本理念以确保约束国家权力和保障公民权利两大目标之实现的。无罪推定是刑事程序法治理念在刑事诉讼场域中的具体化,以无罪推定为基础又衍生出一系列诉讼制度,其中控审分离和保释制度最能体现无罪推定通过程序实现对国家权力约束的内在精神。

[①] [美]斯蒂芬·L.埃尔金、卡罗尔·爱德华·索乌坦编:《新宪政论——为美好的社会设计政治制度》,周叶谦译,生活·读书·新知三联书店1997年版,第106—107页。

(一) 控审分离

控审分离是无罪推定对诉讼程序的基本要求之一。如果控审不分离,审判者在庭审时就有追诉犯罪人的观念,从而把被追诉人当作犯罪人。在这种情况下,审判者的头脑中自然而然就会形成"有罪推定"。只有控诉权和审判权分别由不同的国家机关行使,将审前程序与审判程序分离,才能确保审前程序中由控方所形成的对案件事实的推断不至于对审判者产生影响,使其先入为主地对案件有了预断,并带着这一预断进行审判程序。无罪推定价值和意义的真正体现是在审判程序中。只有确立控审分离制度,才能确保无罪推定得到贯彻,这也是在普通法系国家一度有主流观点认为无罪推定仅仅应当适用于审判程序的原因。控审分离的关键在于诉讼程序必须确保审判者不得在审判之前对案件形成预断,无论是普通法系还是大陆法系,都不约而同地在审前程序和审判程序之间设置了阻断,以防止审判者形成预断。在普通法系国家,法律和判例都严禁法官和陪审员与检察官在审前有任何形式的接触,避免法官和陪审员受到控方指控材料或意见的影响,形成对被追诉人不利的预断。大陆法系国家早期一般采取卷宗移送的方式,但是这一方式的弊端很快显现,很多国家对此做出了修改。以日本为例,将卷宗全部移送改为只移送起诉状,这一做法得到了许多国家的认可。

控审分离是为了防止审前程序对审判程序造成影响。如果说审判程序是对案件事实的裁判过程,那么审前程序便是案件事实的重塑过程，经过重塑形成的案件事实将成为审判程序裁判的对象。这种重塑的行为往往涉及强制措施的适用，强制措施的目的应当是确保诉讼的顺利进行而非惩罚，因此法律对强制措施的适用规定了相应的条件。即便如此，侦查过程中一旦得以适用逮捕等限制犯罪嫌疑人、被告人人身自由的强制措施，对于侦查人员而言便意味着对其塑造事实的某种程度的认可，甚至到了可以提前剥夺犯罪嫌疑人、被告人人身自由的程度，这种想法往往会加剧侦查人员对自己塑造事实的坚持，以致无视其他相反的证据。因此，强制措施的适用必须受到程序的严格限制，将对犯罪嫌疑人、被告人权利的侵犯控制在可以接受的范围之内，以确保国家刑罚权的合法性。无罪推定在限制强制措施的适用方面最典型的体现便是保释制度。保释制度是确保无罪推定得以贯彻不可或缺的重要制度。

（二）保释制度

如果说举证责任分配是无罪推定的应有之义，那么保释制度则是无罪推定在侦查阶段得以贯彻的关键。保释制度旨在保障公民自由权利不受侵犯，减少羁押对犯罪嫌疑人、被告人人身自由权利可能造成的损害，对于符合法律规定的条件的人，暂时解除其羁押状态，使其能够在享有一定程度人身自由的情况下等待审判的到来。随着人权理论的发展以及无罪推定在侦查阶段的不断渗透，现代法治国家都逐渐建立了保释制度。在英美法系，保释是指被羁押等待侦查或审判的人提供担保，保证按规定日期出庭并履行必要的手续后予以释放的制度。犯罪嫌疑人、被告人在诉讼的各个阶段，即从其受到羁押起，直至被定罪、判决后决定提起上诉的各个阶段，都存在保释的问题。按照无罪推定之要求，既然承认被追诉人在法院最终判决之前都推定为无罪，那么在侦查阶段同样应当坚持这一原则，确保被追诉人早日从羁押状态中脱离。尽管在羁押状态下依然需要确保被追诉人的通信权和会见权，为其提供适合居住的场所和食物等，但是没有什么比能够呼吸自由的空气更好。因此，若无羁押的必要，应当尽快将被追诉人予以释放。以美国为例，在诉讼程序运作过程中，相当重视无罪推定的贯彻，具体到保释制度上，将获得保释视为被追诉人的一项权利，被追诉人被保释成为诉讼过程中的一种常态，羁押则被视为一种例外。遵从无罪推定的逻辑进路，必定会对侦查阶段国家权力的运作，对尚未经过法院判决而对公民人身自由之剥夺或者限制的行为做出规制，因为在无罪推定的视野之下，未经判决有罪的公民，其权利不容侵犯，即便不得已而为之，也必须符合"适度原则"。如何实现适度？只有通过程序对国家权力进行约束，才能确保国家权力不至于继续侵犯公民的权利，实现适度，因此在无罪推定的基础之上衍生出了保释制度。

无罪推定对刑事司法的影响是方方面面的，其内涵不断丰富，然而核心内容却始终如一，那就是对"国家应当如何对待犯罪嫌疑人和被告人？"这一刑事司法的基本问题予以解答。从以上三个层面切入，不仅能够正确地诠释无罪推定之内涵，而且还能够从中提炼出无罪推定对"国家应当如何对待犯罪嫌疑人和被告人？"这一问题的回答。

四、无罪推定与有罪推定辨析

学者在论及无罪推定时，总会将有罪推定作为其对立面一并予以阐述。无罪推定与有罪推定一直作为一对矛盾的概念而受到人们的关注，这意味着二者之间是一种非此即彼的关系，在刑事诉讼场域中，不是无罪推定那么就必定是有罪推定。有论者认为："有罪推定是指一个人一旦被控告犯罪，就被看成是犯罪者，因而受到刑讯挎（原文为"挎"，疑为"拷"之误。——编者注）问，强迫其承认自己有罪；对于犯罪证据不足的疑犯，也推定为有罪而加以惩罚。""无罪推定与有罪推定是一对矛盾体，是一个事物的两个侧面，前者是以后者的对立物而出现的。有罪推定代表刑事诉讼制度的残酷和野蛮，始终和刑讯逼供等不人道联系在一起。而无罪推定标志着诉讼制度的进步，文明和科学。他们是随着社会在向民主和文明迈进的历史进程中产生、形成和发展的。"[①]将二者视为一对矛盾加以理解从表面上看有助于我们理解无罪推定，然而实质上将无罪推定和有罪推定视为一对矛盾正是造成社会批判无罪推定的根本原因。遵循以上观点的逻辑，很容易对无罪推定提出质疑，正如美国一位学者所言："对被告人的对待就否定了无罪推定。如果他被推定无罪，为什么又要对他施以铁镣？为什么将他予以监禁？为什么只允许他以保释的名义获得自由？……他的自

[①] 李友忠：《论无罪推定与有罪推定》，《云南法学》1995年第3期。

由受到限制的事实，表明他实际上被推定为有罪。若非如此，就没有其他理由对他施以限制。"[1]又如在我国20世纪50—80年代初期，学界对无罪推定的批判也都明确指出：有罪推定是不对的，但是无罪推定同样犯了主观唯心主义的错误。以上批判，正是对无罪推定误解所致，而误解的根源则在于将无罪推定与有罪推定视为一对矛盾，因此无罪推定与有罪推定一样，被理解为对案件事实的推定，或者说是基于事实层面对案件所做出的判断，这自然会引发无罪推定与强制措施之间的悖论，甚至成为反对者批判无罪推定的利器。

鉴于此，一批学者开始反思，并且重新诠释无罪推定与有罪推定的关系，于是出现了关于二者关系的新观点。"无罪推定是一个不需要以任何事实为基础的规范原则，它的确切含义，如前所述，是指未经法院依照正当程序并经控诉方将被告人有罪的事实证明到排除合理怀疑的程度之前，不得将被告人当做有罪的人来对待。这种无罪的待遇是一种'法律规则'，是一个规范层面或曰法律层面上的概念。有罪推定则不同，它从来都不是规范层面上的概念，而是一个事实层面的概念，它是指执法机构在案件的不同阶段都会在一定程度上，在事实上假定犯罪嫌疑人、被告人有罪。"[2]又有学者提出："无罪推定原则应当被理解为一种关于正义的规范性命题，而不是一种关于真理的事实性命题。如果将无罪推定原则作为一种事实性命题

---

[1] 易延友：《论无罪推定的涵义与刑事诉讼法的完善》，《政法论坛》2012年第1期。
[2] 易延友：《论无罪推定的涵义与刑事诉讼法的完善》，《政法论坛》2012年第1期。

而认定，而由于'无罪推定'一词具有否定式命题陈述的内涵特征，那么，这就意味着事实被否定存在，如果这样，便不能解释控方为何还要采取行动收集证据以证明事实，因为控方总是要在诉讼程序启动之初便初步认定事实的性质，拟就相应的罪名，进而收集证据以深入揭示事实的构成要件的。因此，无罪推定原则只能从关于正义的规范性命题意义上理解它，亦即它所表征和要求的是关于诉讼程序行动的正义性。"[①]从这些学者的论述中可见一种新的论证无罪推定与有罪推定二者关系的趋势，那便是将无罪推定作为正义的命题，从规范和应然层面进行诠释，有罪推定则被作为事实和实然层面的命题。如此一来，二者根本不在一个层面，不仅不是相互矛盾、非此即彼的关系，反而是可以共存于刑事诉讼过程之中的。

  以上关于无罪推定与有罪推定关系的新观点体现了学者对无罪推定内涵更为深刻和全面的认识。然而笔者却始终认为，将无罪推定与有罪推定相提并论已经成为社会的习惯，学者的以上论证虽然能够将二者区分，并且不至于引发刑事司法中由于无罪推定而出现的矛盾，但是学者的论证过于理论化，难以为社会公众所接受，对于无罪推定在我国之确立助益不大。有鉴于此，笔者认为，依然可以保持社会大众将有罪推定与无罪推定视为一对矛盾的基本观点，但是要从刑事诉讼过程的角度对二者进行分析。不得不承认，与无罪推定相比，有罪推定具有更为旺盛的生命力，以致虽然无罪推定已经获得世界各国的

[①] 夏锦文:《无罪推定原则的意义解读——一种诉讼法哲学分析》,《南京师大学报》(社会科学版) 2002 年第 4 期。

认可，却依然难以彻底驱散司法实践中有罪推定之阴云，最典型的表现便是刑讯逼供屡禁不止。究其根源，笔者认为，乃是因为有罪推定较之无罪推定更符合人们对刑事诉讼的错误观念和对事件发生过程的思维逻辑，即先有犯罪行为的发生，继而才会有对罪犯的审判，最终是对罪犯的惩罚。简言之，先有罪，才有审，再有罚。这样的思维逻辑与自然事件发生的顺序完全一致。按照这样的思维逻辑便形成了"罪—审—罚"三者的排序，有罪是审判程序启动的前提，而审判程序只是为了确定给予刑罚的种类。此时，虽然"罪"与"罚"之间依然存在"审"的过程，但是"审"的功能显然不是用以确定被告人是否有"罪"以及是否应当"罚"，因为有"罪"是"审"的前提，既然已经开始"审"，自然是有"罪"的。在这样的思维逻辑之下，"审"已经被人们当作了"罚"的前奏，因此刑事诉讼过程中的刑讯逼供行为便是理所当然的了，而若要免除最终的"罚"，被告人必须提出足够的证据。相比之下，在无罪推定规制下的刑事诉讼程序，则将"罪"、"审"和"罚"三者的顺序巧妙地打乱并重新排列，形成了不可置换和逆转的"审—罪—罚"的逻辑进路：没有审判，便没有犯罪；没有犯罪，便没有刑罚。在这样的逻辑之下，意味着如果审判没有结束，便不存在罪犯，而只是受到怀疑的公民，即犯罪嫌疑人。对于犯罪嫌疑人，国家能够要求他承担较一般公民更多的义务，受到更多的限制，但是绝不可以将其等同于罪犯。审判的过程旨在确定被告人是否有罪与如何处刑，而绝对不能沦为对被告人的处罚，因此刑讯逼供行为理所当然被禁止。按照这样的方式诠释有罪推定与无罪推定的关系，既不会造成对无罪推定的误解，同时也能够在符合社会大众将二者视为一对矛盾的基本观点的基础上，对二者的本质区别进行分析，从而更加有利于人们正确理解无罪推定的内涵。

第二节　无罪推定确立的理论基础

从前文对无罪推定内涵之分析和解读可见，无罪推定的内涵始终围绕着一个核心：国家应当如何对待犯罪嫌疑人和被告人？这是刑事司法的基本问题。无罪推定之价值正在于以截然区别于有罪推定的思维模式、态度和方法，解答这一问题，并且最终获得了近现代西方资产阶级民主法治国家的认可和推崇。从直观上来看，这是因为西方各国刑事诉讼模式发生了重大转变，以无罪推定为基石的法治型诉讼模式最终取代了传统的诉讼模式而占据主导地位。若从深一层来看，则要从国家权力与公民权利二者关系的角度寻求答案，最终决定因素在于"以人为本"人权观的树立以及以民主和法治为核心特征的"民授合法性基础"的确立。在欧洲启蒙运动的影响之下，思想家以极大的热情宣扬公民的个体价值和个人权利，唤醒了人们心中被压抑许久的对实现自身价值和追求权利的渴望，人权理论正是在此基础上迅速发展的。个人权利意识觉醒后，随之而来的便是对国家权力合法性的质疑，推动了国家权力合法性基础的重大调整，确立了近现代西方资产阶级民主法治国家所公认的以民主和法治为核心特征的"民授合法性基础"。刑罚权作为国家权力的重要组成部分，国家权力合法性基础的调整意味着国家权力观和价值取向的转变，必定对刑罚权的合法化运作产生影响，最终表现为刑事诉讼模式之转变。法治型诉讼模式作为以民主和法治为核心特征的"民授合法性基础"背景下国家刑罚权的合法化运作模式逐渐获得确立。无罪推定作为法治型诉讼模式之基石，奠定了近现代以来国家刑罚权合法化运作的基调，进而确定了刑事诉讼程序的基本结构和功能。由此可见，特定的刑事诉讼模式，体现的是特定的国家权力合法性基础，只有以"民授合法性基础"作为国家权力合法性基础，才能形成适合法治型诉讼模式的国家权力合法化运作的大环境，并在这种合法性基础上确立国家刑罚权合法化运作模式——法治型诉讼模式。国家权力合法性基础是国家权力与公民权利博弈的结果，公民个体价值和个人权利观念的发展对国家权力合法性基础的选择和确立有着决定性的作用，以民主和法治为核心特征的"民授合法性基础"必定是建立在公民人权观念高度发展基础之上的。综上所述，无罪推定之确立必须具备两大理论基础：一是"以人为本"人权观的树立；二是以民主和法治为核心特征的"民授合法性基础"的确立。

一、"以人为本"人权观的树立

人权是当代人类社会最受关注的重要问题之一，它起源于人们对优质政治和社会生活的渴望，是人们对自身权利和价值的认识不断深入的产物，它所强调的核心便是"以人为本"。早在古希腊斯多葛学派的自然法思想中便可以看到人们追求自身权利的思想起源。在文艺复兴时期的人本主义思潮和宗教改革的影响之下，终于在西方古典自然法学派的学说中首次确立了"天赋人权说"，开启了人权理论发展的新篇章。虽然后来又出现了"法律权利说"和"社会权利说"，但是并未动摇"天赋人权说"的主导地位。

（一）"天赋人权说"的形成与发展

虽然人权思想源远流长，但是近代意义上的人权理论却是在14—16世纪文艺复兴时期才逐渐成型的。文艺复兴时期的思想家将研究的目光转移到人本身，将理性作为人的自然本性，并以此为基础进一步强调人的尊严和价值。在这一时期，人的自然本性、人的价值、人的自由意志和个体权利，成为思想家热情讴歌的对象。这些思想如同黑夜中的群星，闪耀着光芒。经过了文艺复兴时期的思想准备，西方人权理论初见端倪，为启蒙运动中"天赋人权说"的形成与发展奠定了坚实的基础。

最早提出"天赋人权说"的是荷兰法学家格劳秀斯，他最早将自然法引入对市民社会特性与原则的分析，包括对个人财产的天赋权利与社会契约关系的论证中。格劳秀斯在探讨国内成文法与国际法的关系过程中，涉及了人权的国际保护问题，并在此基础上形成了"天赋人权说"。他在著作《战争与和平法》中专章论述了"人的普遍权利"问题,明确指出自然权利包括人的生命、躯体、自由、平等之类,这些都是天生的和不可侵犯的。①在格劳秀斯之后,另一位著名的自然法倡导者是英国的霍布斯。他的突出贡献是将自然法学说建立在科学的推理和实证的基础上,从而揭开了笼罩在自然法之上的宗教的神秘面纱。他提出,人类天性中包含着求利、求安全和求名誉这样三种基本的要素。在自然状态中,人人享有自然权利,但由于人的天性中存在猜疑、争夺等非理性的东西,因此人们又是处于一种战争状态中,生存与安全得不到保障。因而自然法的第一条原则是寻求和平、信守和平;第二条原则是利用一切可能的办法来保卫我们自己。社会是契约的产物。由这一观点出发,他又引申出一系列自然法原则,如遵守信约、宽恕、平等、公道、公平分配、相互尊重等等。②他认为,自然法是理性的诫条,成文法不应是主权者主观意志的产物,而应当源自理性,以自然法为基础和准则。

霍布斯从自然权利的角度对天赋人权思想做了进一步的阐述。洛克将自然状态的自然法与自然权利联系在一起并进行系统的论证,可谓近代自然法理论的集大成者。同霍布斯相反,洛克是性善论者。他认为,在自然状态下,人们的行为受自然法的支配。"他们在自然法的范围内,按照他们认为合适的办法,决定他们的行动和处理他们的财产和人身,而毋需得到任

---

① [荷兰]雨果·格劳秀斯:《战争与和平法》,马忠法、王秋雯等译,上海人民出版社2022年版,第17—19页。
② [英]霍布斯:《利维坦》,黎思复、黎廷弼译,杨昌裕校,商务印书馆1985年版,第94—108页。

何人的许可或听命于任何人的意志。"①但是洛克认为这种自然状态也有很大缺陷，于是人们就同意通过订立契约来建立政治社会，成立国家。而国家的目的和宗旨是保障公民的生命、安全、自由、平等、财产和追求幸福的权利。公民的这些权利不是外界的恩赐，而是公民应当享有的自然权利和天赋权利。人们在政治国家里所放弃的，只是权利不能无限制地行使，也不能自己去处理各种违法行为。如果政府制定严重违背自然法精神的法律，变成侵犯人民权利和压迫人民的工具，人民就有权推翻这个政府。洛克在《政府论》中对自然状态、自然法、自然权利进行了十分严密的分析与论证，使自然法、自然权利的发展达到了高峰。洛克精辟地指出，自然法是为自然权利而设的，只有自然权利受到尊重之处，方能有自然法的存在。而人类的自然权利是与生俱来的，无一不受自然法的保护。洛克的这些观点反映了资产阶级人权学说的确立，并成为后来写入一些具有里程碑意义的权利宣言和宪法的"天赋人权"观念的直接思想渊源。

进入18世纪，洛克的以上思想为以孟德斯鸠和卢梭为首的思想家所继承，他们从社会契约论的角度进一步发展了洛克的"天赋人权说"，认为人的自然权利不仅是与生俱来的，还是不可转让的。因为人的基本权利源于自然法，自然法先于人定法存在，因此人们在与国家订立契约时，只是将执行自然法的权利和自我管辖权转让给立宪国家，但是自身的基本权利并

---

① ［英］洛克：《政府论》（下篇），瞿菊农、叶启芳译，商务印书馆1997年版，第5页。

未随之转让，也不可能转让。正如卢梭所言："人类主要的天然禀赋，生命和自由，则不能与此相提并论，这些天赋人人可以享受，至于是否自己有权抛弃，这至少是值得怀疑的。一个人抛弃了自由，便贬低了自己的存在，抛弃了生命，便完全消灭了自己的存在。因为任何物质财富都不能抵偿这两种东西，所以无论以任何代价抛弃生命和自由，都是既违反自然同时也违反理性的。"①

从文艺复兴运动到启蒙运动，人权观念经过一代又一代思想家的继承和发展，成为一种自觉和系统的理论，其核心在于：把人权当作一种自然权利，认为自然权利是法律权利的本源和基础。人们是带着自然权利加入社会和国家的，但是他们所让渡的权利并不包括自己的人权，因此国家权力的行使必须以尊重公民人权为前提。这些思想在法国的《人权与公民权宣言》和美国的《独立宣言》中充分予以体现。

1776年7月4日第二届大陆会议通过的美国《独立宣言》指出："我们认为这些真理是不言而喻的：人人生而平等，他们都从他们的'造物主'那边被赋予了某些不可转让的权利，其中包括生命权、自由权和追求幸福的权利。为了保障这些权利，所以才在人们中间成立政府。而政府的正当权力，则系得自被统治者的同意。如果遇有任何一种形式的政府变成损害这些目的的，那末，人民就有权利来改变它或废除它，以建立新

---

① ［法］卢梭：《论人类不平等的起源和基础》，李常山译，商务印书馆1962年版，第137页。

的政府。"①1789年8月26日制宪会议通过的法国的《人权与公民权宣言》指出:"任何政治结合的目的都在于保存人的自然的和不可动摇的权利。这些权利就是自由、财产、安全和反抗压迫。"②

(二)"法律权利说"和"社会权利说"

虽然"天赋人权说"始终占据西方人权理论的主导地位,但是进入19世纪之后,资产阶级革命逐渐完成,"天赋人权说"的历史任务也接近完成。资产阶级掌握了国家政权之后,显露出了对权力的渴求,于是出现了"法律权利说"和"社会权利说"两大新的人权理论。前者属于规范主义法学派,代表人物有边沁、密尔等。它强调人权不是生而有之的,而是法律赋予的,否认法律与人权的伦理性,认为伦理属于主观的范畴,每个人都有自己的伦理观,其好坏是非难以做出客观的、确切的判断,并批判"天赋人权说"的自然状态具有虚构性,自然法具有神秘性,自然权利具有虚假性,因而都是不科学的。如边沁说:"在一个多少算得上文明的社会里,一个人所以能够拥有一切权利,他之所以能抱有各种期望来享受各种认为属于他的东西,其唯一的由来是法。"③在现代社会,用法律的形式将人应当享有的权利明确规定下来,是人权形态中的一

---

① 中国人民大学法律系国家法教研室、资料室编:《中外宪法选编》,人民出版社1982年版,第282页。
② 中国人民大学法律系国家法教研室、资料室编:《中外宪法选编》,人民出版社1982年版,第279页。
③ 张文显:《当代西方法学思潮》,辽宁人民出版社1988年版,第357—358页。

种具体的、明确的，并最能得到实现的人权，也即所谓"实然人权"。显然，"法律权利说"中所指的人权便是实然人权，它与应然人权的接近程度表明了一国对人权保护的程度。实然人权源于应然人权，如果将其强行与应然人权割裂，认为人性、正义、理性这些东西人们无法把握与求得共识的观点是不正确的，显然无法自圆其说，这也正是人权本原问题上"法律权利说"的根本错误所在。"社会权利说"则借故人是一种"社会动物"，不能脱离社会而独立存在，人们是生活在各种社会关系之中的，他们彼此之间存在着一种连带关系，因而每个人的利益都有可能受到他人或社会组织的侵犯，每个人也可能去侵犯他人或社会组织的利益，这就需要法律予以调整，于是产生了人权问题。应当说这些观点都各有正确的一面。但是，这些观点进而否定"天赋人权说"的合理内核，不承认人人"生而平等""生而自由"，不承认人权源于"人的本性""人的人格与尊严"，则是根本错误的。事实上，人权既有其历史性、时空性，又有其超历史性、超时空性。

西方流行的三种人权理论，都有合理性，但也各有局限性。按照李步云教授的观点，他认为相比较而言，"天赋人权说"包含有更多的科学成分在内，因为它相当深刻地阐明了人权产生的内在根据，十分明确地指出人权存在的根本价值，人权理论之所以产生，根本原因在于人们对个体存在、尊严和自由孜孜不倦的追求和关注，这些作为人类存在的基本价值应当受到保障的要求正是"以人为本"人权观的核心内容。①因而"天赋人权说"始终处于主导地位,并被写进各种人权宣言、公约中。从《世界人权宣言》②到联合国人权"两公约"(《经济、社会及文化权利国际公约》③和《公民权利及政治权利国际公约》④),以及各种地区性人权公约,在人权本原问题上,所表达的无一不是"天赋人权"的理念。

(三)人权理论的实践

随着人权理论的不断发展,学者对人权的来源和正当性的论证也逐渐成熟,研究的方向自然开始转向人权的实践问题。换言之,人权既然是人们应当平等地享有的权利,那么谁有义务来保障它实现呢?显然,国家成为保障人权实现的最主要的义务主体,有责任和义务来保障和实现公民的人权,这是由国家与公民之间的关系所决定的。

在奴隶社会和封建社会,国家所实施的是专制统治,国家权力表现为奴隶主、封建主的专制统治特权。对于广大的奴隶和农民来说,他们只有绝对服从奴隶主、封建主专制统治的义务。国家与公民之间无疑是"被服从"与"服从"的关系。

---

① 李步云:《法的人本主义》,《法学家》2010年第1期。
② 联合国大会于1948年12月10日第217A(Ⅲ)号决议通过并颁布。
③ 联合国大会1966年12月16日第2200(ⅩⅩⅠ)号决议通过并开放给各国签字、批准和加入。按照第27条规定,于1976年1月3日生效。
④ 联合国大会1966年12月16日第2200(ⅩⅩⅠ)号决议通过并开放给各国签字、批准和加入。按照第49条规定,于1976年3月23日生效。我国于1998年10月5日签署该公约,同时声明:台湾当局于1967年10月5日盗用中国名义对《公民权利及政治权利国际公约》所做的签署是非法的和无效的。目前该公约在我国只适用于香港和澳门地区。

"在这样一个时期内,个人从属于国家,没有自己独立的价值,只有从国家中获得自己的存在意义。那是一个没有个人的时代。"[1]因此,专制主义政治制度不具有正义性。眼见人们处于如此深重的压迫之中,先进的思想家对国家的起源、国家权力的来源、国家权力与公民权利的关系等进行了艰难的探索。他们通过探索发现,权利才是权力的基础和本源,人的权利是最高价值,权力只是实现权利的手段,权力只有在有助于权利实现的条件下才能体现其存在的合理性。国家存在的意义,是为国家的公民谋福利。国家的根本任务在于保障公民权利的实现,否则便失去了存在的价值。人权是一种"对抗权",即对抗国家的权力,人权发展史也充分论证了这一点。由此可见,保障人权实现,取决于国家一级人权保障机制的完善,而司法保障相较立法和行政措施而言更为关键也更为困难。司法是人权保护的最后一道屏障,尤其是刑事司法制度,对于保障人权实现意义更为重大。

奴隶制、封建制国家的刑事司法制度以有罪推定为典型体现,显著特征是法官集控诉权和审判权于一身,被告人承担供认自己有罪的义务;对被告人刑讯成为一种"合法的暴行";对犯罪证据不足的嫌疑犯,也推定为有罪而加以惩罚。[2]被告人的人权面对如此野蛮、不人道的刑事司法制度,只能饱受践踏和摧残。由此可见,刑事司法制度对于人权保障之重要性。

---

[1] 高兆明:《伦理学理论与方法》,人民出版社2005年版,第130页。
[2] [日]田口守一:《刑事诉讼法》,刘迪、张凌、穆津译,法律出版社2000年版,第4页。

欧洲资产阶级革命胜利后，资产阶级根据洛克、孟德斯鸠、卢梭等人的"天赋人权说"和"社会契约论"等先进思想，建立了资产阶级民主法治国家。国家正式承担起保障公民人权的责任，对人权的司法保障也被提到极为重要的地位，促使资产阶级国家在废除封建专制主义统治下的纠问式诉讼模式和有罪推定的基础上建立起现代法治型诉讼模式，力求在诉讼程序中体现对人权的重视和保障。无罪推定作为法治型诉讼模式的基石，确定了被追诉人在诉讼程序中的主体地位，并赋予其相应的一系列诉讼权利，建立了以约束国家权力、保障公民权利为核心的诉讼制度和程序。而无罪推定也从一项刑事司法原则逐渐演变为一项公民基本权利。

（四）无罪推定权利化——刑事诉讼中的人权保障

最早明确提出无罪推定思想的是意大利法学家贝卡里亚，他在《论犯罪与刑罚》一书中提出，在没有做出有罪判决之前，任何人都不能被称为罪犯，即他的犯罪还没有得到证明的时候应当被看作无罪的人。贝卡里亚当时是针对封建专制国家刑事司法制度的有罪推定而提出无罪推定的，旨在批判当时刑事司法制度的黑暗以及对被告人权利的践踏，并未将无罪推定作为被告人的基本人权予以考虑和论证。最早在法律上规定无罪推定的是法国的《人权与公民权宣言》。法国《人权与公民权宣言》第9条规定："任何人在其未被宣告为犯罪以前应被推定为无罪，即使认为必须予以逮捕，但为扣留其人身所不需要的各种残酷行为都应受到法律的严厉制裁。"[1]开启了无罪推定从刑事司法原则向公民基本人权发展的大门。

联合国大会1948年12月10日通过的《世界人权宣言》第11条规定:"凡受刑事控告者,在未经获得辩护上所需的一切保证的公开审判而依法证实有罪以前,有权被视为无罪。"1950年11月4日欧洲委员会的13个成员国于罗马签订的《欧洲人权公约》同样要求:"凡受刑事罪的控告者在未经依法证明有罪之前,应被推定为无罪。"联合国大会1966年12月16日通过的《公民权利及政治权利国际公约》第14条再次明确:"受刑事控告之人,未经依法确定有罪以前,应假定其无罪。"1969年,《美洲人权公约》第8条第2款也规定:"被控告犯有罪行的每一个人,只要根据法律未证实有罪,有权被认为无罪。"[2]

进入21世纪,国际上出现了无罪推定刑事诉讼法典化的趋势。无罪推定作为刑事诉讼的一项基本原则与公民基本权利,早已被写入联合国的《世界人权宣言》和《公民权利及政治权利国际公约》。许多国家的刑事诉讼法都蕴含无罪推定的精神,但却一直没有以法条的形式在刑事诉讼法典中明确规定。比如,法国1789年的《人权与公民权宣言》以及1958年的宪法序言都规定和承认了无罪推定,但并没有把无罪推定纳入刑事诉讼法典。鉴于此,法国在1958年以来一直适用的刑

---

[1] 中国人民大学法律系国家法教研室、资料室编:《中外宪法选编》,人民出版社1982年版,第280页。
[2] 孙长永、闫召华:《无罪推定的法律效果比较研究——一种历时分析》,《现代法学》2010年第4期。

事诉讼法典第2000-516号法律第3项规定:"有犯罪嫌疑或者受到追诉的任何人,只要没有确认其有罪,均推定其无罪。对无罪推定的妨害,按照法律规定的条件预防、赔偿和制裁。"[①]这对于更好地保护被告人的合法权益,起到了非常积极的作用。2001年12月5日经俄罗斯联邦联邦委员会批准、2002年7月1日生效的《俄罗斯联邦刑事诉讼法典》第14条规定:"1.刑事被告人在未依照本法典规定的程序被证明有罪并由已经产生法律效力的刑事判决确定其有罪以前,应被认为无罪。2.犯罪嫌疑人或刑事被告人没有义务证明自己无罪。证明对被告的指控和推翻为犯罪嫌疑人或刑事被告人辩护理由的责任由控诉方承担。3.依照本法典规定的程序不能排除对被告人有罪的所有怀疑,均应作对被告人有利的解释。4.有罪判决不得根据推测作出。"[②]这使之前被诉讼法学界普遍认同的无罪推定在刑事诉讼法典中得到了确立。2002年生效的《国际刑事法院罗马规约》第66条则具体列举了无罪推定的要义,分别为:"(一)任何人在本法院被依照适用的法律证明有罪以前,应推定无罪。(二)证明被告人有罪是检察官的责任。(三)判定被告人有罪,本法院必须确信被告人有罪已无合理疑问。"此外,《联合国少年司法最低限度标准规则》《关于保护死刑犯的权利的保障措施》《禁止酷刑和其他残忍、不人道或有辱人格的待遇或处罚公约》等也都包含无罪推定的精神。无罪推定国际化也

[①] 罗结珍译:《法国刑事诉讼法典》,中国法制出版社2006年版,第1页。
[②] 黄道秀译:《俄罗斯联邦刑事诉讼法典》(新版),中国人民公安大学出版社2006年版,第15页。

正是其作为公民基本权利之一而逐渐获得世界各国认可和确立的过程。[①]

由此可见,无罪推定权利化是人权理论发展到一定程度,向实践层面渗透的结果。无罪推定作为人权理论在刑事司法中的体现,承担着在刑事司法中保障人权之重任。随着人权理论的不断发展,对在刑事司法中保障人权的要求不断提高,无罪推定因对被追诉人主体地位的肯定和保障当之无愧地成为人权保障在刑事司法领域得以实现的首选。

二、"民授合法性基础"的确立

国家在任何时期都不可能依靠暴力来实现和维持其统治。随着理性意识的萌发,人权观的树立,人们开始质疑国家对公民实施强制的权力来源,进而挑战和反抗国家权力运作的结果,此时国家便面临着严峻的权力合法性危机。在政治学领域中,权力的合法性用以解释公共权力的来源以及公共权力在行使过程中施加强制性的正当性问题。《布莱克维尔政治学百科全书》如是说:"任何一种人类社会的复杂形态都面临一个合法性的问题,即该秩序是否和为什么应该获得其成员的忠诚的问题。"[②]权力合法性具体表现为人们对国家权力的认同与信仰,是对基于国家权力运作而形成的社会秩序之认同和信仰。

[①] 孙长永、闫召华:《无罪推定的法律效果比较研究——一种历时分析》,《现代法学》2010年第4期。

[②] [英]戴维·米勒、韦农·波格丹诺编:《布莱克维尔政治学百科全书》,中国政法大学出版社1992年版,第408页。

正如法国学者让－马克·夸克所言："合法性即是对统治权利的承认。从这个角度来说，它试图解决一个基本的政治问题，而解决的办法即在于同时证明政治权力与服从性。"[①]这一观点与哈贝马斯对权力合法性的界定十分相近，哈贝马斯认为："合法性是指政治系统使人们产生和坚持现存政治制度是社会的最适宜制度之信仰的能力。"[②]因此，为了确保公民对国家的忠诚，国家必须根据具体情况及时对其权力合法性，包括国家权力来源及权力运作模式进行论证。国家用以支撑论证的理论依据便是国家权力合法性基础。因此，当国家权力出现合法性危机时，意味着国家权力合法性基础已经无法承担说服公民对国家保持认可和忠诚这一重任，必须对其进行调整，这正是国家权力合法性基础变迁之动力所在。自国家出现以来，国家权力合法性基础基本上经历了以下三种类型：第一是"神授合法性基础"，国家权力来源于神之授予，权力的行使旨在体现神的意志，神意被作为超越人的选择和人的制度的更高一级的正义统治；第二是"血统合法性基础"，国家权力来源于统治者的世袭罔替，权力的行使旨在确保血统延续者的意志得到贯彻；第三是"民授合法性基础"，即国家权力来源于人民授权，授权者的共同意志通过立法的形式被确定下来，通过法律实现对国家权力运作的引导和规范，最终确保授权者的共同意志得以体现，这也是民主法治国家的共性。从世界各国寻求国家权力

---

① ［法］让－马克·夸克：《合法性与政治》，佟心平、王远飞译，中央编译出版社2002年版，第12页。
② ［美］西摩·马丁·李普塞特：《政治人——政治的社会基础》，张绍宗译，上海人民出版社1997年版，第55页。

合法性基础的过程来看，最终都朝着"民授合法性基础"的方向努力和发展。显然，只有"民授合法性基础"才能为国家权力合法性提供最终的理论依据，才能回应人民对于国家权力合法性的种种质疑。

（一）从"神授合法性基础"到"血统合法性基础"

在早期国家形态中，国家权力较为羸弱，对社会的控制能力较为低下，对处理社会事务的态度也是消极的，国家权力并没有过多地介入公民私生活领域，因此公民对国家权力的质疑并不强烈，国家论证自身权力合法性的压力自然不大。相较之下，人们对于自然界未知的力量始终极度敬畏，个人在面对生命的无常和自然界的灾难时，特别无助与恐惧。在这种情况下，人类必须为残酷的现实寻求一种意义，因此就会自我构筑一些幻象，这便是神话的起源。神话不知不觉间承载着众多人们潜在的想法和观念。人们的政治观念，开始时也是以神话的形式表达的，国家统治下的社会秩序便被理解为来源于神意的自然秩序的一部分，正是这一观念为统治者论证其权力合法性找到了依据——既然现有的秩序是神的意志，自然不容许人类质疑和违背。统治者将论证国家权力合法性的努力集中于神化权力，借助原始神话或者各种未知的被神化的力量来论证自身权力的合法性，将自己所掌握的权力说成是来源于神的授予，这便是"神授合法性基础"的典型体现。"权源于神"意味着只有符合神意的权力才是合法的，但是解读神意的话语权却掌握在统治者手中，因此统治者便可以借助神意将国家权力幻化为一轮神奇的光环，笼罩在自己头顶。"神授合法性基础"在很长一段时间内不曾遇到挑战，统治者的更迭并未影响其作为国家权力合法性基础。

随着国家的不断发展，国家对社会的控制能力不断加强，统治者越来越意识到国家权力对于维护自身统治的重要性，为保证"江山永固"，总是力求将国家权力牢牢掌握在自己手中。随着封建制国家的形成和发展，权力高度集中的状况越来越严重，统治者越来越关心自己的意志能否得到全面的贯彻，自己的权力能否世袭罔替。在这样的背景之下，国家权力合法性基础开始从单纯强调神的意志和授予转向强调血统和等级，统治者手中的国家权力是否合法取决于统治者的血统，如果血统不正便会被视为"谋朝篡位"，这便是对其权力合法性最大的否定。虽然这一时期统治者也会借助神的意志和授予来论证权力的合法性，但是这只是对自身血统的粉饰，最终决定权力合法与否的已经不是难以把握的"神的意志"，而是血统。

（二）从"血统合法性基础"到"民授合法性基础"

随着社会文明的不断发展，人们的理性意识逐渐萌发，对理性生活的需求不断增加，皇权的魅力不断弱化，"血统合法性基础"所能够提供的权力合法性支持也在不断被消解，试图通过求助于传统的世界观和常规伦理来维持统治秩序的方式渐渐失效，封建君主专制统治面临危机。笛卡尔认为，理性是人的天赋，每个人生而具有，是人自我的本质。人的生命、自由、财产等是人与生俱来不可剥夺的权利；趋利避害、追求利益最大化不仅是每一个体的理性需求,也是全社会共同的理性价值。[①]人自身的价值被不断发掘和揭示,"人是目的,而国家仅仅是手段"这一过去让人们想都不敢想的观点渐渐被视为公理。在这一背景之下,西方先后涌现出了一批思想深邃而又充满热情的启蒙思想家,如霍布斯、洛克、伏尔泰、孟德斯鸠、卢梭、潘恩以及杰斐逊等。他们高举理性大旗,宣扬公民个人权利和价值,对以君王为首的封建特权及封建制度的各种弊端进行了深刻的揭露和批判。他们从理论和实践层面说明封建制度的存在是违反人类理性的,最终彻底否定了"血统合法性基础"。显然,新的国家权力合法性基础已不可能立足于宇宙观、宗教和各种本体论,那些论述以近代的眼光来看,独断论的色彩毕现,因为"现时应使有效的东西,不再是通过权力,也很少是通过习惯和风尚,而确是通过判断和理由,才成为有效的。……现代世界的原则要求每一个人所应承认的东西,对他显示为某种有权得到承认的东西"[②]。在这一思路引导之下,一种新的国家权力合法性基础应运而生,即"民授合法性基础"。这一合法性基础的确立,昭示着启蒙思想家在论证国家权力合法性的过程中完成了从"神"到"人"的转变。这种转变体现在国家权力来源理论和具体权力制度构建上。

1. 国家权力来源于公民权利之授予

在之前的国家权力合法性基础背景之下,权力主要来源于

[①] [美]梯利:《西方哲学史》,葛力译,商务印书馆2000年版,第307—310页。
[②] [德]哈贝马斯:《公共领域的结构转型》,曹卫东等译,学林出版社1999年版,第135页。

先于人类意志并独立于人类意志的客观存在，作为权力对象的公民个体从来没有获得关注。到了近现代国家，随着人权理论的发展和个人权利意识的觉醒，启蒙思想家在探讨国家权力合法性来源时思考的角度发生了重大变化，完成了从"神"到"人"的转变，判断国家权力是否具有合法性的标准从"神的意志"转变为"公民意志"，其中以洛克的思想最具代表性。在洛克的思想中，个人是第一位的，是一切事物的本源和目的，而政府则居于第二位，它派生于个人保护其生命、自由和财产的需要，是实现这一需要的工具。在这个意义上，从洛克的论述中可以自然而然地得出以下结论：合法性权威的树立既不依赖于政府的强力，也不先验地存在于自然秩序，政府合法性的唯一前提是社会中"各个个人的同意"。由此可见，在洛克的理论体系之中，公民个人权利的地位高于政府权力，政府权力合法性的本质在于民众对权力之认可，只有建立在民众认可之上的政权方能确保其稳定。[①]在洛克之后，许多启蒙思想家继承并发展了这一思想，他们开始设计政府应该如何获得公民认可。既然公民的认可如此重要，那么政府权力应当如何运作才能获得认可呢？也许最初政权是通过强力获得的，然而正如卢梭所言："即使是最强者也绝不会强得足以永远做主人，除非他把自己的强力转化为权利，把服从转化为义务。"[②]卢梭继承了洛克等人对于人处于自然状态的假设，并在此基础上进一步形成了关于政府如何获得公民对权力之认可的观点。他在

---

① ［英］洛克：《政府论》，叶启芳、瞿菊农译，商务印书馆2022年版，第111—127页。
② ［法］卢梭：《社会契约论》，何兆武译，商务印书馆2017年版，第9页。

《社会契约论》的第一章"第一卷的题旨"中开宗明义地提出:"人是生而自由的,但却无往不在枷锁之中。自以为是其他一切的主人的人,反而比其他一切更是奴隶。这种变化是怎样形成的?我不清楚。是什么才使这种变化成为合法的?我自信能够解答这个问题。""社会秩序乃是为其他一切权利提供了基础的一项神圣权利。"[1]卢梭的创见在于他明确地提出政府的非法性,认为只有基于个人的同意让渡权利之后,政府的权力才具有合法性。"个人的同意"最终汇集成为公意,而公意反过来对个人意志又具有强制性,只是这种强制性是合法的,服从公意不过是服从自己的意志,所以个人不会对这种来自公意的强制反感。因此,国家权力来源于公意,为公意服务自然成为国家权力唯一合理的运作模式。那么公意是如何产生的呢?个体状态的民众都有不同的利益诉求,他们如何表达自己的意志,解决他们之间的利益冲突,并且最终形成公意呢?在卢梭看来,只有民主政府才能完美地解答以上问题,"真正合法的权威只有一种,即建立在人们自由之上的权威"。民主制度正是这种"既建立权威又不丧失自由的制度",相反,"一切不民主的制度都是非法的制度"。凡符合以平等为基本前提所产生的公意的政府就是最有合法性,因而也最稳固、最具正当性的政府。[2]民主是政府权力合法性的唯一源泉。卢梭基于其对国家权力来源的理论构建得出了只有民主制度才能为国家权力的合法性提供支持的结论。民主制度是"民授合法性基础"的核心

---

[1] [法]卢梭:《社会契约论》,何兆武译,商务印书馆2017年版,第4页。
[2] 毛丹:《近代的合法性论证路径》,《政治学》2004年第2期。

内容之一。

2. 以法治作为国家权力运作模式

国家权力来源理论决定着国家权力运作模式的选择，国家权力运作模式是对国家权力来源理论的支持和印证，因此启蒙思想家在探讨国家权力来源的过程中，不可避免地涉及对权力运作模式的思考。权力来源于权利，乃是人权发展的重要体现，然而若止步于此依然无法确保国家权力的行使不会侵犯公民权利。在思想家眼中，权力的本质并不因其来源或行使者这些外在因素而发生改变，"对权力统治在建立和操纵社会方面的特征的观察表明，权力在社会关系中代表着能动而易变的原则。在它未受到控制时，可将它比作自由流动、高涨的能量，其效果往往具有破坏性。权力的行使，常常以无情的不可忍受的约束为标志；在它自由统治的地方，它易于造成紧张、摩擦和突变。再者，在权力不受限制的社会制度中，发展趋势往往是社会上的有实力者压迫或剥削弱者"①。这种对权力本质的清醒认识，很大程度上是基于当时封建专制国家中，君主权力极度膨胀，人权遭受空前的蔑视。但是压迫得越深重，反抗便越强烈。随着人权理论的发展，公民个人权利意识开始觉醒。为了自身的尊严和幸福，争取人权必然成为那个时代激荡人心的主题。既然无法改变权力的本质，又无法将其完全消灭或者替代，那么只能对权力的运作进行限制，如同将猛兽困入牢笼之中，使权力的运作被规制在一定范围之内。然而应当如何对权

---

① ［美］埃德加·博登海默：《法理学——法哲学及其方法》，邓正来、姬敬武译，华夏出版社1987年版，第344页。

力进行限制呢？这便需要回到权力的来源理论上。来源于公民权利的国家权力，对其进行限制的最好办法显然是以"权利制约权力"，而权利并非以个体形态存在的公民个人权利，而是卢梭所说的公意[①]。公意这一定义决定了它具有最普遍、最强大的控制力和道德基础，它主要通过法律的形式予以具体化和落实，法律是公意的体现。法治便是遵从这一思路的引导处理的权力运作模式。

法治理论早在古雅典时期便已经由庇塔库斯提出，最早揭示和总结法治内涵的当数亚里士多德，只是起初的法治所蕴含的内容并不包括自由、平等、人权这些民主思想，仅仅是作为与"人治"相对应的概念被提出和论证的。以洛克为首的启蒙思想家结合时代的特色，继承并发扬了古老的法治思想，使其焕发出新的生命力。洛克指出："无论何人，如果不用国家法律所规定的方法取得行使统治权的任何部分的权力，即使国家的形式仍被保存，也并不享有使人服从的权利；因为他不是法律所指定的人，因而就不是人民所同意的人。在人民能够自由地表示同意，并已确实同意承认和确认他一直是篡夺得来的权

[①] 卢梭把公意和众意加以区别，他认为："众意与公意之间经常总是有很大的差别；公意只着眼于公共的利益，而众意则着眼于私人的利益，众意只是个别意志的总和。但是，除掉这些个别意志间正负相抵消的部分而外，则剩下的总和仍然是公意。"（［法］卢梭：《社会契约论》，何兆武译，商务印书馆2017年版，第35页）在卢梭看来，只有体现公意的法律才能保障公民的自由权、平等权和民主与独立权。因此，他首先强调立法权的重要性，把它比作国家的心脏。其次，他认为："人们之有正义与自由应该完全归功于法律。以民权的形式在人与人之间确立自然的平等地位的，就是这个公共意志的有益的机构。"（［法］卢梭：《论政治经济学》，王运成译，商务印书馆1962年版，第9页）最后，他强调，法律保护公民的自由和平等权，认为就公民的自由而言，唯有服从人们自己所规定的法律才是自由的，至于平等权是自由存在的前提条件，因为没有它自由便不存在。

力以前，这样的篡夺者或其继承人都没有权利的根据。"①凯尔森也认为："国家权力不过是法律秩序的效力和实效。"②传统的法治理论逐步完善，成为17、18世纪欧洲及北美社会革命和资产阶级法治政治确立的过程中不可替代的重要力量。法治理论作为"民授合法性基础"的另一个重要组成部分，不仅为其提供了极为重要的理论支持，而且为这一合法性基础的实践设计了相应的权力运作模式。"民授合法性基础"成为近代以来西方资产阶级国家共同的选择，法治理论也被作为公认的权力运作模式得到实践。从近代以来的西方法治实践来看，主要分为两种模式：一是君主立宪制，二是民主共和制。但是无论何种模式，法治的基本精神和基本原则已经成为西方各国的共识，必须贯彻以下几个原则。

（1）人权神圣，不可侵犯。这是作为权力运作模式的法治理论对作为权力来源理论的社会契约论和民主理论的回应。既然权力来源于公民权利的授予，那么国家权力运作过程中必定要以确保公民人权作为宗旨，而这一宗旨应当体现在国家立法的每一个细节之中。正如法国《人权与公民权宣言》在序言中宣称的："组成国民议会的法兰西人民的代表们，考虑到对人权的无知、忘却或者蔑视，是公众不幸和政府腐败的唯一原因，现在决定在一项庄严的宣言中阐明自然的、不可让与的、神圣的人权，以便这个宣言，经常地向社会团体的所有成员提

---

① ［英］洛克：《政府论》（下篇），叶启芳、瞿菊农译，商务印书馆1997年版，第121页。
② ［奥地利］凯尔森：《法与国家的一般理论》，沈宗灵译，中国大百科全书出版社1995年版，第283页。

出来，使他们持续不断地记着他们的权利和他们的义务；以便立法权的行为和行政权的行为，由于在每一时刻都能够同每一政治制度的目的相对照，从而更加受到尊重；以便公民们的要求，今后建立在简明的、不可争辩的原则之上，永远有助于维护宪法和全体人民的幸福。"①

（2）法律面前，人人平等。这也是法治最基本的原则。在洛克的法治理论之中，法律面前人人平等的原则被看作实行法治的重要内容之一。洛克曾强调指出，立法机关"应该以正式公布的既定的法律来进行统治，这些法律不论贫富、不论权贵和庄稼人都一视同仁，并不因特殊情况而有出入"。②这意味着法律是最高的现实权力，无论是君主还是平民，在法律面前都承担着同样的义务，受到同样的约束，权力的所有者和权力的对象不会因为权力的有无而受到法律的不同待遇。法律面前人人平等同样也是卢梭法治原则的重要组成部分。卢梭认为："社会公约在公民之间确立了这样的一种平等，以致他们大家全都遵守同样的条件并且全都应该享有同样的权利。"③只有实行法治才能保障人的自由、尊严和价值。

（3）分权与制衡。没有权力的分立和制约，必然导致国家权力的滥用和对公民权利的践踏。历史也告诉我们，所有的人治都是由于没有权力制约所致。只有在法治的状态下，才能真

---

① 法学教材编辑部、《外国法制史》编写组:《外国法制史资料选编》(下册)，北京大学出版社1982年版，第525页。
② [英]洛克:《政府论》(下篇)，叶启芳、瞿菊农译，商务印书馆1997年版，第88页。
③ [法]卢梭:《社会契约论》，何兆武译，商务印书馆2017年版，第40页。

正实现国家权力来源于人民，人民才可以用法律手段捍卫自身的权利；厉行法治，人民的权利才能真正得到法律的保障。洛克在《政府论》中把分权与制衡的原则看作实行法治的前提和基础。他认为，人们参加政治社会的目的是使生命、自由和财产权更有保障，为了实现这个目的，防止权力滥用，国家权力应该分立。他把国家的政治权力分为立法权、执行权和对外权。洛克特别强调立法权与执行权的分立，因为如果立法权和执行权掌握在同一批人手中，便为他们攫取权力和滥用权力提供了极好的机会，"借以使他们自己免于服从他们所制定的法律，并且在制定和执行法律时，使法律适合于他们自己的私人利益，因而他们就与社会的其余成员有不相同的利益，违反了社会和政府的目的"。① 类似的观点在启蒙思想家的相关论著中都有体现。孟德斯鸠作为分权学说的集大成者，对三权分立的政体十分向往，他对三权分立与自由、民主和法治的关系的独到的论述，被后人誉为经典。"当立法权和行政权集中在同一个人或同一个机关之手，自由便不复存在了；因为人们将要害怕这个国王或议会制定暴虐的法律，并暴虐地执行这些法律。如果司法权不同立法权和行政权分立，自由也就不存在了。如果司法权同立法权合而为一，则将对公民的生命和自由施行专断的权力，因为法官就是立法者。如果司法权同行政权合而为一，法官便将握有压迫者的力量。"②

---

① ［英］洛克：《政府论》（下篇），叶启芳、瞿菊农译，商务印书馆1997年版，第89页。
② ［法］孟德斯鸠：《论法的精神》（上册），张雁深译，商务印书馆1995年版，第156页。

由此可见，作为"民授合法性基础"的两大重要基础理论——国家权力来源于公民权利的社会契约论和民主理论，以及国家权力应当遵守法律规定，依照法律规定运作的法治理论，共同构成了西方近现代资产阶级民主法治国家的权力运作模式，实现了从封建专制体制向民主体制的转变。"民授合法性基础"理所当然地成为近现代西方资产阶级民主法治国家公认的论证权力合法性之理论依据，进而对国家刑罚权的合法化路径产生深远的影响。

三、刑事诉讼模式的转变

刑事诉讼作为国家运用刑罚权解决社会冲突的机制，自始就是与国家和国家权力紧密结合在一起的。国家权力合法性基础的转变必然对刑事诉讼模式产生深远的影响。不同的国家权力合法性基础决定了不同的国家权力运作环境，进而决定了刑事诉讼场域中刑罚权的合法化运作模式，形成与国家权力合法性基础相对应的刑事诉讼模式，并呈现出不同的刑罚权合法化路径。与"神授合法性基础"相对应的是弹劾式诉讼模式，它是国家对社会的控制能力低下的产物。与"血统合法性基础"相对应的是纠问式诉讼模式，它是封建制国家刑事司法的典型代表。在这一诉讼模式之下，有罪推定盛行，国家权力全面侵蚀公民权利。与"民授合法性基础"相对应的便是法治型诉讼模式，无罪推定是它的基石。唯有国家权力合法性基础发展到"民授合法性基础"阶段，才会产生法治型诉讼模式，也才能孕育出无罪推定。

（一）弹劾式诉讼模式

在早期国家形态中，国家权力无法实现对社会事务的深度介入和掌控，受到的质疑不强烈，应对质疑的方式也并不复杂，将国家权力与神意联系在一起便足以赢得民众的支持。这一权力合法化的路径在刑事诉讼场域中便具体化为弹劾式诉讼模式，国家权力的作用形式表现为审判权的运作，国家只满足于对当事人之间的控、辩予以裁判，并不主动追究犯罪。弹劾式诉讼模式的仪式化特征十分明显，尤其在案件事实无法查明时所采用的神示证据制度是"神授合法性基础"背景下刑罚权合法化路径的典型体现。

"所有文明制度都一致同意在对国家、对社会所犯的罪行和对个人所犯的罪行之间，应该有所区别，这样区别的两类损害，我称之为犯罪（climina）和不法行为（delicta）。"① 显然，梅因的这一论述在古代社会并不成立，据朱塞佩·格罗索的考证，侵犯城邦利益的公犯和侵犯私人利益的私犯间的区别在古代社会并不明显，除了集中对直接针对城邦或亵渎神的行为被作为公犯或犯罪而加以处理以外，其他行为均被视为对受害人个人的侵害，即私犯来予以解决。② 公犯与私犯区别不明显直接影响了诉讼模式的构建，国家或城邦对如今被视为"犯罪"

---

① ［英］梅因：《古代法》，沈景一译，商务印书馆1996年版，第208页。
② ［意］朱塞佩·格罗索：《罗马法史》，黄风译，中国政法大学出版社1994年版，第126—141页。

行为的处理与处理"私人纠纷"的方式无异,并没有出于国家或城邦受到了损害而对犯罪人进行追诉的观念。在古代社会,国家权力的触角并没有过多地伸向公民私人生活领域,国家权力受到公民权利的限制,很难积极主动地、过多地干涉社会生活,在法律领域中最典型的表现便是诉讼。即便是刑事诉讼,也被视作解决私人之间产生的纠纷的产物,而不是一种国家的强制性活动,法律中甚至还处处可见原始同态复仇的痕迹。如古罗马的"私犯之诉","它所采用的程序,主要是摹仿私人生活中可能要做的一系列的行为,即人们在生活中发生了争执,但在后来不得不把他们的争执提交和解。高级官吏谨慎地仿效着临时被召唤来的一个私人公断者的态度"。[①] 总体而言,弹劾式诉讼模式具有以下几个特征。

第一,诉讼由私人提起,遵循不告不理的原则。在一般情形下,告诉者为被害人或者是被害人的亲属,没有专司起诉的国家机关。

第二,在诉讼中,双方当事人的地位在形式上是对等的,享有同等的诉讼权利。双方当事人提出有利于己的证据并以辩论的形式说服裁判者。但是,这种"对等"与"同等"只适用于同一等级的当事人。如果当事人、证人或者其他诉讼参与人的身份存在差异,诉讼中针对他们的行为或他们行为的效力则有可能出现差异,如在古罗马和古雅典,对奴隶可以刑讯。

第三,采用神示证据制度,以神所显示的证据来判断是非

---

① [英]梅因:《古代法》,沈景一译,商务印书馆1996年版,第211页。

曲直或证实争议事实的真伪，以确定当事人胜诉、败诉或是否有罪。采用的方式一般有水审、火审、诅誓、决斗等。这些方式与涉及的案件事实没有任何逻辑或者经验上的联系，但是却有其存在的现实基础和社会条件。可以说，神明裁判是奴隶制社会和封建社会前期弹劾式诉讼模式的一个重要特征，很多学者甚至将弹劾式诉讼模式等同于神明裁判，足可见神明裁判之重要地位。弹劾式诉讼模式是国家权力不发达的产物，在这一诉讼模式中国家权力相较于公民权利处于更为消极的地位。当事人如果要实现惩罚犯罪人、维护自身合法权益的目的，只能以个人力量推动诉讼的进行；掌握审判权的法官在诉讼中只是一名中立的旁观者，对于他无法认定的事实只能求助于神。与其说法官是以国家名义做出判决，不如说是借助神的力量来解决当事人之间的纠纷。由此可见，弹劾式诉讼模式中国家权力的运作更多的是一种形式，因而显得被动和消极。这不仅体现在启动诉讼程序方面，即使在事实的发现和认定方面，国家权力也没有过多地介入和发挥作用。当无法依靠人的力量去发现事实以解决纠纷时，便转而求助于神，神示证据制度不仅为案件的判决提供了事实依据，告诉人们当事实无法认定时应该如何处理，更重要的是它树立了判决的权威性，这种权威性来源于人们对神的力量的笃信和尊重，既然判决体现的是神的意志，那么自然应当得到遵守。从某种程度而言，在弹劾式诉讼模式中，神的意志取代了国家的意志，贯穿诉讼始终。而神的意志是不需要任何论证的"真理"，因此弹劾式诉讼模式关注的是如何体现神的意志，而不是限制或约束它。

（二）纠问式诉讼模式

随着社会与国家进一步分离，国家权力不断集中，其触角伸入社会生活的方方面面。掌握着国家权力的统治者深谙权力的重要性，因此维持统治成为国家权力运作的首要目的。但是此时依靠暴力手段和神意已经难以完成权力的合法化，统治者开始不断鼓吹个人的道德魅力。国家权力合法性基础开始从"神授合法性基础"转变为"血统合法性基础"，过去对神的依赖渐渐转变为对君主的崇拜。此时，君主与国家合二为一，君主的意志成为国家的意志，如何保证国家权力的运作忠实地体现君主的意志成为立法中构建国家权力运作模式的核心目的。这一时期，社会的安定性逐渐变为国家的安定性，犯罪行为不再被认定为仅仅是对直接受害人的利益的侵犯，而是对既存秩序的破坏和国家统治权威的蔑视，因此，国家开始垄断对犯罪行为的追诉活动。

纠问式诉讼模式是国家权力在刑事诉讼场域空前膨胀的体现，国家之前的消极态度彻底转变，以"不告而理"的方式积极追诉和惩罚犯罪。纠问式诉讼模式的最大特点便在于它的程序构建旨在确保国家权力意志得以高效率地实现，防止在具体运作过程中出现偏差。诉讼从最初的公民个人之间为维护权利而进行的斗争转变为国家为维护社会秩序而进行的追诉活动，国家权力越来越深地介入诉讼。"考此种种变更之所由来，盖由于当时维持平和之思想有所变更，一般以维持平和之目的，主在于维持君主之平和，于是，所谓全体人民之平和，浸假而多少为君主之平和所代替之矣。影响所及，终于刑事诉讼程序及犯罪处罚上，亦发生种种变更。"① 由于弹劾式诉讼模式受个人能力以及意思自治的限制，加上神示证据制度的影响，往往难以达到有效追究犯罪或惩戒的效果，而且神示证据制度难以保证诉讼的结果最大限度地体现君主的意志，因此国家加强了对诉讼过程的掌控，产生了纠问式诉讼模式。

纠问式诉讼来源于"inquisition"一词，也是"调查"与"审讯"的代名词。纠问式诉讼模式的产生标志着国家权力全面介入刑事诉讼，自此刑事诉讼从"解决纠纷"的方式转变为国家进行"社会控制"的手段或工具。② 随着社会政治制度的发展，专制集权的国家形态逐渐形成，以君主为代表的国家领导者一方面努力促使国家权力全面膨胀，另一方面力求将国家权力牢牢掌握在手中。在强大的国家权力面前，公民的个人权利开始全面收缩，因此，在纠问式诉讼模式中国家权力成为推动诉讼的唯一力量。

第一，代表国家权力的司法机关身兼侦查、控诉和审判三大职能，主动发现和追究犯罪。刑事诉讼启动和进行的权利从被害人及其亲属手中转移到行使国家司法权的官吏手中，即使没有人告诉，只要他们发现犯罪行为，也可以主动进行追诉。

第二，对被告人实行有罪推定，被告人沦为诉讼客体，是刑讯逼供的对象。在纠问式诉讼模式中，一切为国家权力的顺

---

① [美]孟罗·斯密:《欧陆法律发达史》，姚梅镇译，中国政法大学出版社1999年版，第143页。
② [法]卡斯东·斯特法尼等:《法国刑事诉讼法精义》，罗结珍译，中国政法大学出版社1998年版，第98页。

利运作而设置，任何可能成为障碍的东西都会受到程序的压制甚至剥夺，因此被告人沦为国家权力作用的客体，必须承担证明自己无罪的责任。刑讯不仅是合法的，而且逐步制度化，合法化的刑讯方式是纠问式诉讼模式最为显著的特点。相较之下，在弹劾式诉讼模式中，对于无法认定的事实，裁判者求助于神。而在纠问式诉讼模式中，抽象的神的地位被现实的君主所取代，君主成为国家的代表，为了巩固和宣示君主在诉讼中至高无上的权力和地位，对于无法认定的事实，裁判者的解决方式不再是向神明寻求答案，而是将各种刑讯方式作为获得事实的手段。以有罪推定作为基本原则的纠问式诉讼模式遵循的是这样一种逻辑进路：被告人犯罪—审判—刑罚。这意味着每一个进入诉讼的被告人都已经被认定为罪犯，因此才会有随之而来的审判和刑罚，所以在审判过程中即使对被追诉人进行刑讯也并不违背道德。

第三，程序的秘密性。在纠问式诉讼模式中，不允许当事人在法庭上辩论，对被告人的审判是不公开的。判决主要以被告人的口供笔录为依据，因此这种审判方式是书面审理或者间接审理。除了英国之外，在法国以及多数欧洲国家，整个刑事诉讼过程包括最后的判决都是秘密进行的，不仅公众不知道，甚至连被告人对于自己所受到的指控也几乎一无所知。而代表国家掌握司法进程的法官在事实的认定上便拥有了说一不二的权力。案件的事实究竟是怎样的，完全由法官独自建构，当现有的证据无法为其建构的事实提供足够支持时，刑讯便成为最有效的手段。"这种秘密的和书面的司法程序体现了一个原则，即在刑事案件中,确立事实真相是君主及其法官的绝对排他的权力。这种程序起源于恐惧心理,即恐惧那种人民往往会情不自禁地喧哗和欢呼的场面,担心出现混乱、暴力和针对当事人、甚至针对法官的骚动。"[1]为了塑造和维护国家权威,任何对国家权力的质疑都是不允许的,尤其在司法过程中,不能容忍任何异议。而要使所有人对此毫无异议,最好的办法便是让整个诉讼过程不为人知。

第四,运用法定证据制度。出于对权力实施者可能偏离君主的意志,从而影响国家权力在诉讼中的实现这一担忧,国家废除了难以把握的神示证据制度,确立了法定证据制度。法定证据制度是一切证据的证明力大小以及对证据的取舍和运用,都由法律预先明文规定,法官在审理案件时必须据此做出判决,而不得自由评断和取舍。换言之,法官没有任何自由裁量权,只是体现君主意志的法律的执行者。国家通过法定证据制度实现了对诉讼过程和诉讼结果强有力的控制,保证权力意志的实现。

从纠问式诉讼模式的特征不难看出,诉讼过程中国家权力的因素已经全部得到彰显,程序的构建旨在确保国家权力意志的高效率实现,公民个人权利在国家权力面前全面收缩,在诉讼中看不到被视为独立个体的被追诉人,有的只是国家权力作用的客体,诉讼的目的不在于发现早已被认定的事实,而在于向人们一次又一次彰显君主手中生杀予夺的无上权力。因为

---

[1] 郭云忠:《刑事诉讼谦抑论》,北京大学出版社2008年版,第29页。

犯罪是对君主权威的侵犯，所以必须通过诉讼来维护这一权威。维护的方式往往就是在审讯过程中给被追诉人的肉体带来各种痛苦，而不管最终的判决是否做出，因为他已经被认定为罪犯。

（三）法治型诉讼模式

纠问式诉讼模式一直是今天学者诟病的主要对象，但是从其产生的时代背景来看，它不仅满足了上升时期的国家权力的需要，具有相当程度的社会基础，同时也与当时的国家权力合法性基础相契合——国家权力合法性基础开始从"神授合法性基础"转变为"血统合法性基础"。君主与国家合二为一，国家权力运作的目的便是确保君主意志的实现，如此一来，刑事诉讼程序的构建必定是围绕如何确保君主权力意志实现的实践。

经过了文艺复兴运动与宗教改革洗礼以及民族国家的兴起，到了18、19世纪，西方国家进入产业革命和科技飞跃发展的时期，资产阶级思想家吹响了人权的号角，国家权力合法性基础经历了又一次重大调整，无论是神意还是血统都无法继续为国家权力提供合法性依据。随着法治国家理论的不断成熟，世界各国都意识到只有民授权威才能经得住历史的考验，只有法治才能成为国家权力合法化运作的最终模式。在刑事诉讼中首先表现为对纠问式诉讼模式中种种行为、制度的批判和抨击，其中最为典型的便是刑讯和法定证据制度。刑讯和法定证据制度的废除成为纠问式诉讼模式逐步消亡、当代化诉讼模式渐渐形成的标志。虽然以英国为首的普通法系国家和以法国、德国为首的大陆法系国家在诉讼模式的选择上出现了分歧,最终形成了当事人主义诉讼模式和职权主义诉讼模式,但是二者在程序构建上所遵循的基本思路和方向是一致的,那就是限制或规范刑事诉讼中过于强大的国家权力,力图将国家权力纳入程序的场域中,体现出法治国家背景下的程序法治理念。

法治是一整套的权力运行规则,这些规则主要通过程序予以体现。在当代国家的法治实践中,程序法治被誉为法治的制度基础。程序法治理念构成了近现代资产阶级民主法治国家权力运作的基石。在刑事诉讼这一国家刑罚权运作的场域之中,程序法治理念的具体体现便是刑事程序法治理念。只有在法治型诉讼模式中,刑事程序法治理念才能得到体现,无罪推定正是刑事程序法治理念得以确立的根本前提。简言之,只有以无罪推定为基础构建而成的法治型诉讼模式才符合程序法治理念的基本要求。

无罪推定是资产阶级在反对封建司法专横的斗争中最为有力的武器。贝卡里亚提出:"在法官判决之前,一个人是不能被称为罪犯的。只要还不能断定他已经侵犯了给予他公共保护的契约,社会就不能取消对他的公共保护。除了强权以外,还有什么样的权力能使法官在罪与非罪尚有疑问时对公民科处刑罚呢?这里并未出现什么新难题,犯罪或者是肯定的,或者是不肯定的。如果犯罪是肯定的,对他只能适用法律所规定的刑罚,而没有必要折磨他,因为,他交待与否已经无所谓了。如果犯罪是不肯定的,就不应折磨一个无辜者,因为,在法律看来,他的罪行并没有得到证实。"刑讯的方法"能保证使强壮的罪犯获得释放,并使软弱的无辜者被定罪处罚"。[1]正如宋英辉所指出的:"无罪推定原则恰当地界定了被追诉人在最终宣判有罪前的诉讼地位,并且天然有一种对司法实践中客观存在的侵犯人权行为的抑制功能。从这个角度讲,无罪推定原则使犯罪嫌疑人、被告人从封建专制刑事司法中主要作为纠问客体的地位变为享有辩护权的诉讼主体,从而为其享有广泛的诉讼权利提供了有力的依据。"[2]由此可见,无罪推定从产生便注定了它为保障被追诉人的权利而对国家权力进行约束的命运,它是身处刑事诉讼程序之中的被追诉人用以对抗国家权力的最重要的武器。以无罪推定为基础构建的刑事诉讼程序是一整套体现程序法治理念的诉讼规则,旨在规制刑事诉讼过程中国家刑罚权的运作,划清国家刑罚权的运作与被追诉人权利保障之间的界限,为处理这对矛盾设置了精巧的程序,既便利了国家完成追诉职能,又为个人提供了有效的权利保障,防止国家权力无根据或者不合比例地侵犯公民权利。

至此,无罪推定得以形成和发展的理论基础的轮廓已经逐渐清晰。无罪推定从古代奴隶社会朴素的自然思想逐渐发展成为近现代资产阶级民主法治国家公认的刑事司法基本原则以及国际公约中的人权理论在刑事司法中的体现,内涵丰富,意义

---

[1] [意]切萨雷·贝卡里亚:《论犯罪与刑罚》,黄风译,北京大学出版社2008年版,第37页。
[2] 宋英辉:《刑事诉讼原理导读》,法律出版社2003年版,第211页。

深远。无罪推定之确立显然绝非凭空而来,所必需的两大理论基础之具备乃是应有之义。若不具备以上所述两大理论基础,即便强行在立法中规定了无罪推定,最终也只能是空中楼阁。

第二章　封建专制时期——有罪推定的传统及其流变

在中国这个文明古国，封建君主专制制度存在了两千多年。在封建专制时期，个人权利意识尚未觉醒，更没有孕育出西方的人权理论和人本主义思想。劳动人民被牢牢地束缚在土地上，不仅物质上无法独立，人身也处于依附状态。相较之下，国家权力在这一时期处于极度膨胀的状态，统治者往往将国家权力视为私有，禁止任何社会权力染指。任何外部力量都无法对国家权力的运作产生实质的影响，社会权力和个人对国家权力的监督与制约几乎是空白的。国家权力具有极强的封闭性，权力的分配在一个血缘系统中进行，伴随着血统的延续而延续。在"血统合法性基础"的背景之下，刑罚权的合法化路径纠问式诉讼模式是有罪推定的温床。在我国封建王朝的刑事审判中，有罪推定贯穿始终并成为中国民族传统法心理的一个重要方面。[1]封建专制时期是有罪推定在中国的繁盛时期。虽然随着清王朝被推翻，结束了中国两千多年的封建君主专制制

---

[1] 俞荣根先生将中国民族传统法心理归结为七个方面：权即法、法即刑、贱诉讼、重调解、轻权利、有罪推定、重预防。参见俞荣根《儒家法思想通论》，广西人民出版社1992年版，第25页。

度，但是有罪推定却并未随之退出历史的舞台。

第一节　封建君主专制体制下国家权力与个人权利之关系

无罪推定作为西方资产阶级民主法治国家刑事司法制度之基石，其形成和发展必须具备两大理论基础：一是"以人为本"人权观的树立。公民个人权利意识全面觉醒，对国家权力合法化提出了越来越高的要求。二是以民主和法治为核心特征的"民授合法性基础"的确立。唯有具备以上两大理论基础，才能孕育出法治型诉讼模式，无罪推定才能最终确立。在漫长的封建君主专制制度统治之下，我国一直由"血统合法性基础"为国家权力来源与运作提供合法性支持，公民个人权利面对国家权力呈现全面的屈从状态，个体权利意识尚未觉醒，根本不具备无罪推定形成和发展的条件。

一、个体权利意识尚未觉醒

在中国封建社会，基本的社会制度是封建制度，封建地主阶级拥有最大部分的土地。封建土地所有制和人身依附关系必然导致这个社会的基本结构是为地主阶级服务的，封建社会的经济制度、政治制度和社会制度都与人格平等、个性独立等人权观念根本对立。在这样的社会条件之下,民众对个人价值的认识、追求个体权利的欲望都会被迅速地扼杀在萌芽状态。

(一)封建君主专制体制下个体思想无法解放

马克思说:"专制制度的唯一原则就是轻视人类,使人不成其为人。"[①]封建君主专制体制根本无法容忍人的个性发展,在这样的背景之下,公民个人权利意识根本没有机会觉醒。统治阶级为了维持自身的统治,将儒家学说尊为"国学",有意曲解并利用儒家学说中的某些观点,大力倡导集体主义、义务本位和森严的等级制度。儒家学说并非没有涉及个人主体意识,也同样强调个人修养,还提出了"修身,齐家,治国,平天下"的著名观点,但这些被统治阶级赋予了新的含义。原本旨在提升个人品德的"修身"被统治阶级解读为对个人权利的压制,成为实现"平天下"这一政治目标的手段。统治阶级宣扬的伦理道德,实际上是要求个人无条件地服从既定的社会规范和权威,而非追求个人权利和自由。儒家学说中的"孝道"和"克己"被夸大和扭曲,变成了对个人权利和自由的束缚。子女被视为父母的从属,个人的自我克制被推崇到了牺牲合法权利的地步。这种精巧的理论设计使个人在社会中的存在感被削弱,个体的价值和权利被忽视,集体主义和等级制度被置于至高无上的地位。因此,虽然儒家学说本身对个人修养和社会

---

① 《马克思恩格斯全集》(第一卷),人民出版社1965年版,第411页。

责任有着深刻洞察，但因统治阶级有意曲解，这些观点被扭曲，个人权利和自由未得到重视和保障。统治阶级将人作为独立个体的存在彻底抹杀，转而将其作为一个组成部分编织入他们所设计的人际关系网络之中。从此，人的存在只能通过所处的等级或者集体来体现，离开了等级，其作为人的价值便无从说起。由此看来，在封建专制时期，个人始终没有成为具有独立人格的权利人，而是作为国家、宗族以及各种社会强权的附属存在的。

（二）传统经济制度下个体地位无法独立

封建君主专制体制使人的个体存在被彻底否定，而传统的自然经济则使个体被牢牢地束缚在土地上，对土地有着极大的依附性，进而使个体权利意识形成所必需的经济条件无法具备。在与封建君主专制体制相配套的自然经济体制中，土地是农民生存的重要来源，统治阶级通过国家权力将这一重要来源从农民手中粗暴地夺走，进行划分并予以分配。而以土地为生的农民，无法离开土地，于是便与土地一同被作为生产资料的一部分分配给了封建地主阶级。为了生存，农民不得不承认这样的分配，他们对土地的依附便逐渐演变为对封建地主阶级的依附，这种依附从根本上是个体权利对国家权力的屈从。国家权力通过剥夺个体赖以生存的土地从而掌控个体的命脉，最终使个体对国家权力屈从。笔者所谓屈从与服从不同，后者依然具有一定程度的自愿性质，个体的服从意味着个体还是有独立意识的，是在进行判断之后决定服从；前者则是完全违背个体意愿的，是由于个体根本没有选择的余地，因此不得不接受现状。封建专制时期的传统经济体制使丧失土地的农民只能依靠租赁地主阶级的土地进行生产，但是绝大多数的劳动成果却又被统治阶级剥夺。农民在统治阶级眼中就是依附于土地的生产工具，是统治阶级的私有财产，往往连基本的生存权利都没有，一切可以用来维持权利与自由的权力资源全部为统治阶级把持。连独立生存尚不可能，何谈独立地位和权利意识？因此个人权利在国家权力面前显得微不足道，在整个权力形态中更显得微不足道。

在封建专制时期，不具备孕育个体独立地位和权利意识的政治、经济和社会制度条件，个体的一切都必须通过其所处的等级或者集体予以体现；同时，个体生存尚十分困难，根本无暇顾及所谓权利和自由，统治阶级通过各种方式将农民束缚于土地之上，使其从独立的个体沦为依附于土地的生产工具。农民既没有资源也没有能力质疑国家权力的来源和运作模式，屈从似乎已经成为他们的本能。

二、国家权力高度集中和极度封闭

古代中国的国家权力形成与发展是沿着与西方国家截然不同的路径进行的。恩格斯认为，西欧古希腊国家起源于军事民主制的部落联盟。但是，这种带有民主性质的部落联盟却不是中国早期国家时期的社会形式。据美国学者哈维兰考证，在中国早期国家时期，也即传说中的三皇五帝时期，实行的是酋邦制共同体，在这一共同体中，"政治权力集中于一个人（酋长）或许多团体的个人（国家）身上"。①权力在一定形式上被占据社会特殊地位的个人所掌握，权力的行使完全体现掌权者的个人意志，决策也并不是按照民主的方式，而是由掌权者一人独断。其他人不论是官员还是组织，都只是掌权者的依附，他们存在的价值便是确保掌权者的个人意志得到体现，并不享有决定权。酋邦社会的发展使奴隶制度和封建制度下的国家体现出君主专制和个人集权的特征，缺乏应有的民主传统。

据史料记载，我国作为政治组织的国家形态形成于夏。在国家的形成过程中，战争是政权更迭的重要手段。人们为了获得土地等，展开了激烈的争斗。通过民主、和平的方式获取国家政权的例子在古代中国是极为罕见的。所谓"刑起于兵"，以刑为中心的古代中国法律最初主要是通过战争这种特殊的形式逐渐形成的。既然权力是通过战争获得的，那么统治阶级自然不会允许其他人染指。于是，国家权力便被统治阶级牢牢掌握在手中，具有极强的封闭性。权力的分配在一个血缘系统中进行，一个朝代的政治权力的交替也是沿着血统的脉络进行的。为了确保权力的延续与血统相一致，统治阶级将代表权力的国家结构与代表血统的家族组织紧密联系起来。以血统为纽带的宗族制度使国家权力集中在同宗同族之内，并在权力系统内部推行等级森严的家长制。这样一来，就形成了一个以君主为顶点，上下有序、结构严谨的一权制国家权力体系。

---

① ［美］威廉·A.哈维兰：《当代人类学》，王铭铭等译，上海人民出版社1987年版，第476页。

古代中国国家的生成路径注定了封建君主专制体制的形成和权力的高度集中，也注定了"血统合法性基础"成为国家权力合法性基础，在此基础上形成的中国古代法律以增强血缘组织为宗旨，这一切都为国家权力的膨胀提供了良机。国家权力的膨胀首先表现在政治上，通过建立各级地方政权组织，使国家权力向地方延伸，确保君主至高无上的领导地位和绝对的权威。其次表现在经济上，采取超经济强制措施，实现对经济活动的干预。最后，无论是政治资源还是经济资源，都被统治阶级所掌控。

从前文的分析不难看出，我国国家形成的路径与西方国家截然不同。西方国家在形成的过程中逐步走上了世俗化和契约化的道路，公民个人权利意识逐渐觉醒和发展，对个体尊严、自由和权利的要求也越来越高，对国家权力合法性质疑的声音越来越大，最终引发了资产阶级革命，促使国家权力来源理论和运作模式发生翻天覆地的变化，国家权力合法性基础从"血统合法性基础"转变为"民授合法性基础"，并在此基础上建立了资产阶级民主法治国家。但是在中国封建社会的环境之下，占统治地位的意识形态是地主阶级思想，它以维护封建剥削和等级制、宣扬封建道德为特征，无法孕育出人权、自由、民主、法治等理论的萌芽，人权观念始终无法真正形成。既然个人权利在国家权力面前如此微不足道，那么当个人成为刑事案件的被告人时，又会受到怎样的对待呢？封建专制时期是有罪推定在中国的繁盛时期，那时有最适合有罪推定生根发芽的土壤，有罪推定也因此成为古代中国法文化的典型代表。

第二节　有罪推定在古代中国刑事司法之体现

正如前文对有罪推定与无罪推定关系的辨析，在有罪推定的思维逻辑之下，先出现犯罪行为，然后才有对罪犯的审判，最后才能得出对罪犯的刑罚，即"罪—审—罚"的逻辑进路。因此，在无罪推定的逻辑中用于发现案件事实的、力求公平公正的审判程序，在有罪推定的逻辑中已经成了"处罚"的一部分。既然被告人在接受审判的过程中已经被认定为罪犯，那么对于罪犯，国家显然不需要有任何顾忌。无论是为获得口供对被告人进行的各种刑讯，还是在羁押过程中对被告人的种种折磨，都不过是罪犯应得的，国家不需要因此受到任何谴责，民众也不应该对此有任何异议，这也是有罪推定的具体表现。

一、刑讯逼供——诉讼过程中的拷掠之苦

在古代中国，刑讯被合法化和制度化，根源在于法律要求被告人承担证明自己无罪的举证责任，只有承担了举证责任又无法证明自己无罪时，才需要对其进行刑讯。若说控诉方完全不承担举证责任并不正确，他们同样需要收集证据才能提起诉讼，但是仅仅通过控诉方的举证往往无法查清案件事实。如此一来，审判机关便难以裁判，或者难以保证裁判结果的正确

性，国家刑罚权便难以实现打击犯罪的目标，从而可能造成犯罪分子被放纵、社会的安定性下降、人们的安全感丧失等，而这些恰恰是统治阶级最不愿意看到的。在权力高度集中、社会极度封闭的封建专制时期，最大部分的生产资料和社会资源掌握在统治阶级手中，统治阶级对社会安宁的承诺便成为他们获得民众忠诚的重要手段。如果连这一承诺都无法实现，那么国家权力合法性必定会遭到质疑，甚至政权会被颠覆。因此，为了确保国家刑罚权的实现，国家要求被指控的人也必须承担查清案件事实的责任，不能仅仅是消极地否认指控，还必须为自己的否认提供证据。如果通过劝说无法让被指控的人提供证据，那么就只能通过刑讯的方式来达到目的。在这样的考虑之下，刑讯在古代中国不仅是合法的，而且是最为常见的查清案件事实的方法。但是统治阶级在注重刑罚权实现的同时，完全没有考虑到凭借刑讯所获得的案件事实是否真实，他们只满足于表面上查清案件事实，却从来不曾考虑这种方法对人们肉体和心灵的践踏。

西汉时期，司法机关把犯人的口供作为判决的重要依据，进一步确立了刑讯制度。按汉律规定，如果法官认为罪证确凿而犯人仍不认罪，就可采用刑讯的方法。后世也大都沿袭汉代的做法，但是日益制度化和规范化。如在《睡虎地秦墓竹简·封诊式》"讯狱"中便有这样的规定："凡审讯案件，必须先听完口供并加以记录，使受讯者各自陈述，虽然明知是欺骗，也不要马上诘问。供辞已记录完毕而问题没有交代清楚，于是对应加诘问的问题进行诘问。诘问的时候，又把其辩解的话记录下来，再看看还有没有其他没有清楚的问题，继续进行诘问。诘问到犯人辞穷，多次欺骗，还改变口供，拒不服罪，依法应当拷打的，就施行拷打。拷打犯人必须记下：爰书：因某多次改变口供，无从辩解，对某拷打讯问。"① 秦朝以后各朝也都对刑讯进行了严格的规定，尤其以唐朝为最。《唐律疏议》记载："诸应讯囚者，必先以情，审察辞理，反复参验；犹未能决，事须讯问者，立案同判，然后拷讯。"② 但在实际操作中，这些限制缺乏约束力，连唐朝皇帝也承认司法机关"肆行惨虐，曾靡仁心"③。武则天时，为排除异己，巩固自己的统治，"得告密者，辄令元礼等推之，竟为讯囚酷法"，酷吏来俊臣审问犯人时不问轻重，多以醋灌鼻，禁地牢中。在这种威逼下，囚犯"皆战栗流汗，望风自诬"，④ 许多良善之人被屈打成招，导致了一大批冤假错案的发生。由此可见，法律上的规定在实践中很难得到贯彻，官员们对刑讯的使用早已经超出并且背离了法律的规定。这并非立法的疏漏，而是有罪推定的最直接体现。在有罪推定的模式之下，不论对刑讯逼供怎样进行限制，都无法阻止审判最终沦为刑罚的前奏。

---

① 睡虎地秦墓竹简整理小组编：《睡虎地秦墓竹简》，文物出版社1990年版，第148页。《睡虎地秦墓竹简·封诊式》"讯狱"："凡讯狱，必先尽听其言而书之，各展其辞，虽智（知）其訑，勿庸辄诘。其辞已尽书而毋（无）解，乃以诘者诘之。诘之有（又）尽听书其解辞，有（又）视其它毋（无）解者以复诘之。诘之极而数訑，更言不服，其律当治（笞）谅（掠）者，乃治（笞）谅（掠）。治（笞）谅（掠）之必书曰：爰书：以某数更言，毋（无）解辞，治（笞）讯某。"
② 刘俊文点校：《唐律疏议》，法律出版社1998年版，第592页。
③ ［宋］宋敏求编：《唐大诏令集》，洪丕谟、张伯元、沈敖大点校，学林出版社1992年版，第426页。
④ ［宋］司马光编著，［元］胡三省音注：《资治通鉴》（全二十册），"标点资治通鉴小组"校点，中华书局1956年版，第6439—6440页。

二、未决羁押——候审过程中的拘押之苦

刑讯逼供经常被学者批判，甚至将其与有罪推定等同。然而有罪推定在刑事司法中的体现绝不限于刑讯逼供，未决羁押给候审过程中的被告人带来的拘押之苦丝毫不弱于刑讯逼供，也是有罪推定的一大特征。在有罪推定的思维逻辑之下，审判程序已经成为刑罚的前奏。事实上的有罪与法律上的有罪并未得到明确区分，被告人与罪犯也从未得到身份上的明确区别。因此，在候审过程中被告人显然不享有人身自由，等待审判的过程便是其牢狱生活的开始。

清末思想家郑观应对未决羁押有十分详细的论述。郑观应认为，监狱用以监禁有罪之人，但由于待质公所之设，使"无罪之拘留，苦更加于监禁"，"无形之凌虐，酷弥甚于施刑"，"拘押之苦，有令人闻不忍闻，见不忍见者"。[①]对这种拘押之苦，郑观应还做了十分形象和让人触目惊心的描述：

> 乃如奏所云，竟有横加需索，稍不遂意，即私肆凌虐：或将辫发系于秽桶之上，引其两手环抱，使秽气冲入口鼻；或置木盆而系之梁上，另以绳索牵簸，令其眩晕呕吐；或系两手大指，悬于高处，令其两足离地，经数时之久，手指长出数寸；或以

---

① 夏东元编：《郑观应集》（上册），上海人民出版社1982年版，第508页。

烟熏鼻,使之刻难忍受。其他凌虐尚多,皆属不可思议。被押者多至痪毙云云。①

从郑观应的论述来看,纠问式诉讼模式中最为恐怖或者夺去最多人命的并非刑讯逼供,反而是候审过程中的未决羁押。一旦被指控犯罪,无论是否招供被告人都必定失去人身自由,在牢狱中苦苦等待案件的审判。未决羁押成为诉讼的常态使被告人时时刻刻处于国家机关的掌控之中,如此一来,便为审判程序(无论正规与否)中对被告人进行刑讯逼供提供了"便利"。

诉讼过程中的拖延更加剧了未决羁押给被告人带来的苦难。古代中国的刑事司法拖沓成风,立法的相关规定,比如重罪案件必须层层上报自然是原因之一,但是更主要的原因是司法官吏的腐败和昏庸。民间总少不了争讼,大凡争讼,总有是非曲直之分,如果听断者不能明察、审理不能及时,又如何能断是非曲直? 遇到糊涂的问官、勒索的胥吏,经年累月案悬不结,不知道多少殷实之家因为讼狱而家破人亡。诉讼过程中的拖延使被告人不得不一直处于未决羁押状态之中,饱受拘押之苦。

除此之外,疑罪从有、片言折狱等都是有罪推定在实践中的具体体现。疑罪从有源于法家的主张。韩非说:"藏怒而弗发,悬罪而弗诛,使群臣阴憎而愈忧惧,而久未可知者,可亡

---

① 夏东元编:《郑观应集》(上册),上海人民出版社1982年版,第509页。

也。"[1]我国唐律明确规定,"诸疑罪,各依所犯,以赎论","虚实之证等,是非之理均"[2]。从中可见有罪推定对司法恣意行为的"促进"作用。片言折狱则是司法擅断的体现。司法往往在思维方式上并没有按照法律逻辑的规则来认定案件事实,分析法律要点,从而得出裁判结果,而是从总体上、宏观上把握案件,基于经验推理直接获得结论,如此难免造成裁判在罪与非罪、罪轻与罪重之间飘忽不定,陷入主观臆断和任情枉法的危险境地。

有罪推定如同一棵盘根错节的大树,中国封建专制时期有最适合其生长的土壤,它不断吸取着养分,将根须伸至每一个角落,在人们心中深深地扎根,成为中国法文化和公众法律心理的重要组成部分。显然,它是公民个人权利被国家权力剥夺和压迫的必然产物,是"血统合法性基础"下国家权力来源理论和运作模式所营造的社会秩序的必然产物。在这样的背景之下,它是"国家应当如何对待犯罪嫌疑人和被告人?"这个刑事司法的基本问题唯一的答案,它带给中国人民的伤害已经太多太多了,理所当然被作为传统文化的糟粕而予以舍弃。早在清末便已经有先进的知识分子对有罪推定进行了批判,在民国时期甚至已经明文规定了无罪推定。但是这些做法不过是剪除其枝叶,却丝毫未曾触及其根本,假以时日,有罪推定这棵大树照样会恢复生机。相比之下,无罪推定虽然在民国立法中有

---

[1] [战国]韩非:《韩非子新校注》,陈奇猷校注,上海古籍出版社2000年版,第302页。
[2] 刘俊文点校:《唐律疏议》,法律出版社1998年版,第617页。

所规定，但却是无本之木，不仅从来没有在司法实践中得到贯彻，更从来没有被民众视为自己的合法权利而进行主张。因此，若要将有罪推定这棵大树连根拔起，在中国确立无罪推定，必须立足于内在的思想观念的改变，而不是外在的强制。可以说，我国从有罪推定到无罪推定转变的历程，正是无罪推定确立必须具备的两大理论基础逐渐具备的过程。随着两大理论基础不断完善，无罪推定将依次在我国学术、立法和实践三个层面产生深远的影响。首先，学术探讨是每一个新思想被社会公众接受的前奏，无罪推定在我国的确立，必须先经由学术论证。无罪推定在我国的制度化有赖于学术的推动。在学术论证成熟后，便会对立法提出要求，引导和刺激立法的修改，最终在一定程度上获得立法的确立。立法的修改必定会引发司法实践的变动，但是并不意味着司法实践必定会与立法同步，二者之间的差距又会为学术探讨提供新的研究命题。于是，"在学术、立法和实践之间，形成了交织激励、相互影响的关系链。建国以来围绕无罪推定的讨论，正是在这三者的相互影响、相互作用的过程中实现进步和取得成效的"。[①]这正是无罪推定在我国确立的历程，新中国成立伊始，这段历程便已开始，每前进一步都充满了艰辛，充满了与有罪推定的争斗，但是我们的目标越来越清晰，距离目标也越来越近。

[①] 谢进杰：《如何对待嫌疑人与被告人——建国以来围绕"无罪推定"的讨论》，《中山大学学报》(社会科学版) 2012年第4期。

第三章　从批判到推崇——无罪推定的思潮与论争

新中国成立后，无罪推定确立必须具备的两大理论基础——"以人为本"人权观的树立与以民主和法治为核心特征的"民授合法性基础"的确立，随着新中国建设的深入而不断发展和完备，它们共同组成了学界围绕无罪推定论争的大背景。按照不同时期的特点可以将围绕无罪推定的论争大致划分为四个阶段。第一阶段是新中国成立初期至"文化大革命"结束，这一时期是人权意识的"禁锢和打压"时期，"意识形态合法性基础"成为国家权力唯一的合法性来源，中国呈现出政党国家形态，与资本主义相关的思想遭受否定和批判。1956—1958年，出现了围绕无罪推定的第一次论争，争论的焦点是无罪推定之性质是学术问题还是政治问题，可称之为无罪推定的"萌芽和打压期"。第二阶段是改革开放初期至20世纪90年代初期，这一时期是人权意识的"觉醒和徘徊"时期，对人权观念的禁锢一步步放开。国家权力合法性基础调整为以发展经济，提高人民生活水平为中心的"政绩合法性基础"，国家权力也开始呈现全面收缩之势。从1979年刑事诉讼法颁布至1990年左右出现了围绕无罪推定的第二次论争，对第一阶段性质之争进行总结并开启了无罪推定是否应当在我国确立的立法之争，可称之为无罪推定的"思潮与渗透期"。第三阶段是20世纪90年代中期到21世纪初期，这一时期是人权意识的"启蒙与传播"时期，公民个人权利意识觉醒，参政需求日益增长，对国家权力依法运行的要求越来越高，国家权力合法性基础进一步调整为公民经济权利和政治权利并重的"新政绩合法性基础"。1996年刑事诉讼法修改至2000年左右，学界的探讨聚焦于无罪推定在我国的本土化，如何避免学术话语、制度构建与司法实践之间的断裂，可称之为无罪推定的"体现和摸索期"。第四阶段是21世纪初期至今，这一时期是人权意识的"弘扬和保障"时期，从"以国为本"强调集体的人权观向"以人为本"强调个体的人权观转变。"和谐社会"理念的提出以及将"民主法治"作为其首要特征予以确立，都体现出国家权力合法性基础朝着"民授合法性基础"迈进的趋势。在2012年刑事诉讼法第二次修改前后，讨论的重心从之前关注无罪推定作为一项刑事司法原则如何获得确立，转变为如何在刑事诉讼程序中实现无罪推定权利化，可称之为无罪推定的"确定与推进期"。

第一节 无罪推定性质之争

从各种文献资料中不难发现，1956—1957年乃是无罪推定在我国的快速萌芽期。20世纪50年代中期,多个法学杂志所发表的论文都不约而同地体现了对政治运动所造成的司法混乱的反思和批判,其中反复出现的论题便是"应当将被告人与罪犯相区别,保障被告人在诉讼中的权利"。此时学界对无罪推定的探讨主要围绕"刑事诉讼中应当有利于被告人"这一问题展开。在论证这一观点的过程中,不少学者将无罪推定作为重要依据,由此引起学界对无罪推定的关注。由此可见,无罪推定在我国学术思想中,一开始便与"被告人权利保障"相联系。虽然距离无罪推定作为公民基本人权的权利观念还十分遥远,但是在无罪推定在我国的萌芽期,这一学术研究的趋势为以后无罪推定作为人权保障观念在刑事司法中的体现奠定了坚实的基础。这场论争发生在人权受到全面否定、意识形态作为国家权力唯一合法性来源的背景之下,无罪推定确立的理论基础根本不具备,注定了这场论争的结局。随着反右派斗争开始,犯罪嫌疑人、被告人几乎一夜之间变成了"阶级敌人",对无罪推定的支持变成了对国家权力的反对和抵抗,关于无罪推定的探讨从学术问题演变为政治问题,将学界对无罪推定的探讨强行划为政治问题,并将支持者悉数列入"阶级敌人"之列。在当时国家权力意识形态化的运作模式之下,源于资产阶级国家且旨在引导和规范国家权力运作的无罪推定与当时中国的社会环境格格不入,它的遭遇也在意料之中。这一时期可以称为无罪推定在我国的"萌芽和打压期"。

一、论争发生的背景

新中国成立初期，国民政府留下了一个千疮百孔的烂摊子，在重建国家秩序的过程中，中国共产党需要将一切可以利用的资源集中起来确保新生政权的稳定和巩固。基于这一目的，共产党把在革命时期形成的党军关系自然地转化为党政关系，形成了以党为核心的国家权力组织体系，奉行"以党治国"。执政党把"巩固政权"作为我国国家权力运作的核心，使新中国成立至改革开放前（1949—1978年）这一时期我国呈现出政党国家形态——国家与社会一体化（即国家全能主义），以国家面目出现的政党对于国家政治生活、经济生活、文化生活等进行全面控制和统一调配。在那个年代，人们耳濡目染的便是"没有共产党就没有新中国，没有新中国就没有新生活"，因此，新中国的利益是一切的根本，个人利益是羞于启齿的，因为对个人利益的主张可能带来对集体、国家利益的侵犯。来自资产阶级民主法治国家的人权观念，在那个年代自然是备受批判的，被视为"资产阶级的毒草"，然而它"至毒"之处在于将个人权利放在了国家利益之前。政党的意识形态成为国家权力合法性的唯一来源。与此相应，刑罚权的运作彻底失控，刑事诉讼程序形同虚设。

（一）人权理论遭受批判

从1954年中华人民共和国制定第一部宪法到1982年颁布

第四部宪法，由于认识上存在误区，人权一直被作为资产阶级的产物遭到批判。从国际共产主义运动的实践来看，各社会主义国家在建设过程中都曾简单地将人权作为资产阶级的东西予以排斥。在新中国成立以后的相当长时期内，我们在人权问题上讳莫如深，人权被视为资产阶级的"专利"，强调"无产阶级历来对人权口号持批判的态度"。[①]在这样的背景下，"人权"自然不会出现在宪法之中，但是宪法却通过专章对公民的基本权利进行了明确，包括政治权利与自由，人身权利与自由，经济、社会、文化权利与自由，以及特定人的权利与自由等，内容之全面性、设计之科学性是前所未有的，成为此后宪法修订的典范。必须承认，"公民基本权利"的内容与"人权"的基本内容是十分相近的。1954年宪法作为新中国第一部宪法，是中国人权发展史上的一个转折点，标志着一个具有现代法治理念和人权观念的时代的到来。遗憾的是，在这部宪法中"公民"这一概念的内涵与其本义出现了偏离。不论是国家领导人还是法学专家，抑或是社会公众，都将"公民"等同于"人民"，在许多重要的国家立法文件中，"人民"一词频频出现，一定程度上取代了当时国际通用的"公民"。这种等同或取代的直接后果便是抹杀了"公民"这个具有个体性的法律概念，用"人民"这个具有一般群体性的政治概念取而代之。那么"人民"的内涵又是什么呢？周恩来明确指出："'人民'与'国民'是有分别的。'人民'是指工人阶级、农民阶级、小资产

[①] 祁志祥：《"人权"入宪的历史回顾及意义评估》，《浙江工商大学学报》2009年第3期。

阶级、民族资产阶级，以及从反动阶级觉悟过来的某些爱国民主分子。而对官僚资产阶级在其财产被没收和地主阶级在其土地被分配以后，消极的是要严厉镇压他们中间的反动活动，积极的是更多地要强迫他们劳动，使他们改造成为新人。在改变以前，他们不属于人民范围，但仍然是中国的一个国民，暂时不给他们享受人民的权利，却需要使他们遵守国民的义务。这就是人民民主专政。"[1]

在新中国成立至改革开放前这一时期，国家实行了一种高度集中的政治体制，政治决策在社会中占据核心地位，经济和社会领域均受到政治领域的指导和控制。在这种体制下，国家对政治活动进行严格的管理和监督，以确保政治稳定和社会秩序。同时，社会生活也受到国家的全面管理和引导。这一管理模式与当时的国内外形势、国家领导人对国内阶级矛盾的评估以及国家在国际舞台上的处境紧密相关。通过人民公社和单位制度，国家对社会资源进行集中管理，以促进国家的统一和集体主义精神的培养。在这一过程中，国家权力的运作体现了对维护社会稳定和推动国家发展的坚定承诺。国家通过各种措施努力培养公民的集体意识和社会责任感，以期达成国家的长远发展目标。然而，这种高度集中的管理模式也可能限制了个体的自由和创造力，对公民的个性化发展和社会的多样性表达造成一定的影响。

---

[1] 中共中央文献编辑委员会编:《周恩来选集》(上卷)，人民出版社1984年版，第368—369页。

（二）"意识形态合法性基础"形成

夺取了政权的共产党旋即面临着论证其权力合法性问题的压力。新中国成立初期，国内阶级矛盾对立，社会治安环境极为恶劣，国民经济遭遇数次劫难，几近瘫痪，法律制度形同虚设。面对严峻的社会状况，如何确保新生政权的稳定，确保共产党在中国进行的政治统治或政治管理能够得到社会和民众认可，成为当务之急。面对动荡的社会状况，共产党选择对国家进行全面的控制，并且将国家权力合法性建立在以"马克思列宁主义、毛泽东思想"为代表的意识形态基础之上，从历史的必然性出发来论证国家权力的合法性，认为中国共产党执政是中国社会历史发展的必然选择，因此个人应当服从党领导下的中国政府，对党和国家保持绝对忠诚。

虽然意识形态的功能在于使权力合法化，但是只有当某种意识形态得到广泛认同后，才有可能成为权力合法性的来源。因此，自新中国成立我国便大力宣传和推行社会主义意识形态，不仅成功地普及了马克思列宁主义、毛泽东思想，确立了社会主义意识形态的主导地位，而且在全社会营造了一种革命的氛围。这种氛围在一定程度上促进了社会各阶层的团结，推动了经济发展和社会变革，改善了人民的生活条件。同时，也为国家权力合法性提供了意识形态的支持，使人民在不知不觉中接受了国家权力的合法性，从而促进了社会秩序的稳定和政权的巩固。

然而，这一时期的人权状况并未得到充分的关注和保障。

虽然社会主义意识形态在初期有助于组织和动员社会力量，但也存在一定的局限性，特别是在权力监督和制约方面。"文化大革命"的爆发及其造成的混乱，便是这种局限性的具体体现。在这样的背景下，无罪推定等刑事司法原则的确立和实施面临重大挑战。

尽管如此，无罪推定在1956—1958年间仍然受到了学界的关注，并引发了全国范围的论争。虽然这次论争时间短暂，并最终以无罪推定被批判结束，但它在人们心中播下了法治思想的种子，为未来法治的发展和人权的进一步保障奠定了基础。《中国的人权状况》白皮书忠实记录了我国在人权领域的进步和取得的成就，展示了中国政府在人权问题上做出的努力，它的发表为人权的进一步发展提供了新的契机。

二、无罪推定之萌芽

中国共产党根据我国生产资料所有制方面的社会主义改造基本完成后的情况，在承认社会主义社会仍然存在各种矛盾的基础上，1956年提出了"百花齐放，百家争鸣"的"双百"方针。"双百"方针的提出，是当时我国政权巩固、经济发展、人民团结、社会追求进步的反映，是促进艺术发展、科学进步和社会主义文化繁荣的时代要求，凸显了当时党中央对我国政治稳定这一全新气象的信心。"双百"方针一经提出，立即在知识界引起强烈反响，使学术文化事业呈现出生气勃勃的发展景象。无罪推定正是把握住了这一时机开始萌芽。

学者对无罪推定相关内容的探讨还处于摸索阶段，许多观点并不成熟，甚至还有错误，但是在当时的社会环境之中已实属不易。新中国成立以来全国范围的政治运动不断，国家刑罚权的运作基本上还能保持刑事诉讼程序的外在形式，在刑事诉讼中国家刑罚权的运作与被告人的权利二者的矛盾应当如何解决渐渐成为学者关注的焦点。在领导人的相关发言中同样可以看到对此问题的关注。在1956年9月召开的中国共产党第八次全国代表大会上，最高人民法院院长董必武在发言中指出："有些地方对于违法犯罪的人犯，只注意他是否违法犯罪，而不注意严格履行法律手续的现象，还没有完全克服。例如有些司法人员有时没有按照法律规定的手续拘捕人犯，限制被告人行使辩护和上诉的权利。"[1] 1962年1月30日，毛泽东同志在扩大的中央工作会议（即七千人大会）上的讲话中指出："凡可捕可不捕的，可杀可不杀的，都要坚决不捕、不杀。"[2] 学者的探讨和领导人的讲话虽然没有明确提出无罪推定，但是都或多或少地有所涉及，且都不约而同地反映了当时人们对缓和阶级斗争和建立社会主义法治新秩序的渴望，凸显了通过刑事诉讼程序对国家刑罚权进行约束的趋势。

刘庆林1956年发表的《怎样对待刑事案件的被告人》指出，应该将被告人作为诉讼主体来对待，尊重其辩护权，将其与罪犯区分开来，只有经法院审判才能确定其是否有罪和应否

---

[1]《董必武选集》，人民出版社1985年版，第414—415页。
[2]《建国以来毛泽东文稿》（第十册），中央文献出版社1996年版，第40页。

刑罚。①这篇文章虽然没有明确提及无罪推定,但是在论证过程中已经体现出对无罪推定的肯定。1957年,有学者开始把无罪推定作为"一个必须遵守的原则"提出来:公、检、法三机关如果缺乏根据,就不应该对被告人强制处分、起诉甚至定罪,且不能因被告人态度表现不好、保持沉默或虚伪陈述就对其强迫、惩治和做有罪的结论,②"被告未经法定程序证实是犯罪人之前,他被假定为无罪的人,这时他仍和其他公民一样,其合法权益应得到国家法律的保护"。③从1956年到1957年的学术论文中可见,被告人在刑事诉讼中应当被视为主体而非客体,已经成为众多学者之共识。当侦查机关掌握了足够证据将某人作为侦查对象予以立案时,他应当被视为"犯罪嫌疑人"或"被告人",也正是从这一时刻开始他享有被推定为无罪的权利。这意味着侦查机关必须保持客观中立的态度,既要收集证明被告人有罪的证据,也要收集证明其无罪的证据。以上学术探讨主要围绕国家权力应当如何对待刑事诉讼中的被追诉人这一问题展开,对无罪推定的内涵进行了一定程度的分析和诠释,并且表明了国家权力在刑事诉讼过程中应当有所克制,将被告人视为主体而非客体的观点。在这一过程中无罪推定始终被作为学术问题进行探讨,学者的观点体现了当时我国法治基础建设的美好愿望,也体现了这一时期国家权力虽然还保持着高度的意识形态化,但是在学术探讨方面开始有松动的迹象。

---

① 刘庆林:《怎样对待刑事案件的被告人》,《法学研究》1956年第3期。
② 黄道:《略论刑事诉讼中的无罪推定原则》,《法学》1957年第2期。
③ 罗荣:《试论刑事诉讼中的被告人》,《法学》1957年第2期。

学界对被告人地位的重新探讨自然也引起了人们对被告人在刑事诉讼中应当享有什么权利的关注，尤其是在侦查阶段。从当时的众多文献中可见，学者主要关注的乃是被告人在侦查阶段所享有的辩护权。此外，传唤证人的权利，质证控告人的权利，了解自己所被指控的犯罪和不利于自己的证据的权利，以及对刑事司法阶段国家机关的违法行为提出赔偿的权利等，都被学者提出并加以论证，并被视为被告人在刑事诉讼过程中应当享有的合法权利。其间，甚至还有学者涉及被告人的沉默权问题，旗帜鲜明地提出被告人保持沉默不应当成为推定其有罪的依据。被告人并没有义务向法院证明自己无罪，虽然法院可以通过讯问被告人和出示各种证据来获得被告人的口供。对于被告人的有罪供述应当十分谨慎且不可以将其作为唯一的定案依据。被告人不仅不需要为其保持沉默而承担任何不利后果，而且对于他故意做出的错误陈述也不应当追究其责任。[1] 以上观点代表了学界当时对无罪推定较为积极的肯定，这一时期关于无罪推定的学术探讨拓宽了视野，提出了先见，解放了观念。遗憾的是，突如其来的反右派斗争将大量民主、科学的观点当作阶级斗争的反动思想，无罪推定因而遭遇重重批判。

三、对无罪推定之批判

学界对无罪推定的学术探讨在当时如同一抹阳光，照射到

---

[1] 曲夫：《略谈刑事诉讼中被告人的诉讼地位》，《法学研究》1957年第3期；戈风：《刑事被告人口供的证据意义与运用》，《华东政法学报》1956年第3期。

人们的心中，激起了更多学者对我国法治基础建设的憧憬，期待着新生政权能够以克制、谦抑的态度和方式行使手中的国家权力，尊重公民的自由和权利。反右派斗争将这种憧憬彻底打破，关于无罪推定的探讨从一个学术问题顷刻间转变为敏感的政治问题，甚至被提到了关乎政权稳定的高度。

（一）批判展开的背景

1956—1957年，以毛泽东同志为核心的党的第一代中央领导集体深刻地感受到作为国家权力合法性基础的社会主义意识形态在我国并未如想象般占据绝对的主导地位，资产阶级思想依然随时可能"沉渣泛起"。1957年3月12日，毛泽东在《在中国共产党全国宣传工作会议上的讲话》中指出："在我国，资产阶级和小资产阶级的思想，反马克思主义的思想，还会长期存在。社会主义制度在我国已经基本建立。我们已经在生产资料所有制的改造方面，取得了基本胜利，但是在政治战线和思想战线方面，我们还没有完全取得胜利。无产阶级和资产阶级之间在意识形态方面的谁胜谁负问题，还没有真正解决。我们同资产阶级和小资产阶级的思想还要进行长期的斗争。不了解这种情况，放弃思想斗争，那就是错误的。凡是错误的思想，凡是毒草，凡是牛鬼蛇神，都应该进行批判，决不能让它们自由泛滥。"[1]并在此基础上发动了以改造资产阶级思想为核心的反右派斗争和"大跃进"运动。至此，在高度集中的国家

---

[1] 中共中央文献研究室编：《毛泽东文集》（第7卷），人民出版社1999年版，第281页。

权力运作模式之下，学界对无罪推定的学术探讨接近尾声。

（二）无罪推定被定性为政治问题

1957年12月，首先是《光明日报》载文将无罪推定驳斥为资产阶级的谬论[1]，接着《人民日报》发表了一篇关于右倾司法官员鼓吹"无罪推定"和"有利于被告"原则的社论，用极其严厉的语气斥责司法官员企图帮助反革命分子和其他罪犯逃脱刑事责任，他们无视案件事实，以各种方式为这些罪犯进行辩护，比如认为他们没有主观恶意，没有犯罪动机，或没有造成危害社会的结果，因此应当对他们从轻或减轻处罚；又比如他们轻信被告人错误的辩护意见，却不相信公安机关和检察机关做出的结论。[2]接着上海法学界举行"彻底肃清'无罪推定论'的有害影响"的"科学讨论会"，指出"无罪推定论"不是学术问题，而是政治立场问题，但有的人因政治幼稚、学术无知，自觉不自觉地把毒草认作香花到处贩运，造成不良后果，为捍卫马列主义法律观，巩固无产阶级专政，必须彻底批判无罪推定的谬论，把它一棍子打死。[3]1958年，批判一浪高过一浪，无罪推定被定性为谬论、旧法观点、反动思想和政治错误等[4]。许多学者刚刚为无罪推定振臂高呼，此刻却被迫发表各种

---

[1] 吴磊、王舜华：《驳"无罪推定"论》，《光明日报》1957年12月13日。
[2] 若泉、何方：《不许篡改人民法院的性质——驳贾潜等人"审判独立""有利于被告"等谬论》，《人民日报》1957年12月24日，第7版。
[3] 《华东政法学院举行科学讨论会批驳无罪推定论》，《法学》1958年第1期。
[4] 李保民：《"无罪推定"不应作为我国刑事诉讼的原则》，《法学》1958年第1期；黄怡祥：《应当批判辩护人的"有利被告论"》，《法学》1958年第3期；张子培：《驳资产阶级的"无罪推定"原则》，《法学》1958年第1期。

批判的论文。在一篇对自己之前所持无罪推定观点进行批判的论文中，作者反思了自己之前支持无罪推定的种种观点，比如该原则有利于确保诉讼过程的客观性，在很大程度上能够杜绝司法工作人员先入为主，保护被告人利益，等等。然而据作者所说，在当时他并未意识到我国刑事司法的目标在于保障人民民主专政的制度，而并非保障罪犯的权利，因此公安机关、检察院和法院应当紧密团结在党的领导之下共同与反革命分子做斗争，这样一来如果一个人已经被侦查、起诉并且移送法院进行审判，还要强行将其推定为无罪那就实在是太"荒谬"了。为了强调和进一步论证自己的新观点，这位作者举了一个关于蒋介石、陈诚等的例子：蒋介石、陈诚等未经法定的程序加以证实，那么如果按照无罪推定，难道也应当把蒋介石、陈诚等推定为无罪吗？"有罪的就是有罪，无罪的就是无罪"，这其中根本不存在任何推定的空间。这便是这位作者的新观点。[①]还有学者为了支持自己反对无罪推定的观点，引用了早几年的各种统计数据以证明我国具有极高的定罪率，以此为据开始对无罪推定进行抨击。他认为如此居高不下的定罪率乃是我国刑事诉讼活动中公、检、法三机关在各个阶段密切配合的结果，正是这种配合使在诉讼过程中即便出现疑点或者其他问题都能够迅速查明和解决，而在这样的工作效率和准确性面前，无罪推定根本没有存在的必要。因为支持无罪推定的人都把目光盯在所占比例极小的错案之上，从而要求在刑事诉讼活动中束缚住

[①] 黄道：《应该彻底批判"无罪推定"的谬论——对"略论刑事诉讼中的无罪推定原则"一文的初步检查》，《法学》1958年第1期。

公安司法机关的手脚,而这却给犯罪分子提供了逃避刑罚的机会。[1]综观以上批判观点,核心在于强调无罪推定本质上属于资产阶级的范畴,是资产阶级进行阶级斗争的政治手段,是对劳动人民的欺骗,用有利于被告人的外衣隐藏极端反动的阶级专政本质,无罪推定的思想方法是唯心主义,是不切实际和反科学的极端错误、危害极大的谬论,因此应当彻底批判,坚持马列主义和党的领导,从有利于无产阶级专政的观点出发。

(三)对被告人的地位和权利的彻底否定

反右派斗争开展之后,刑事诉讼中的被告人便被等同为阶级敌人,面对阶级敌人显然应当采取完全不同的方式。首先,检察机关与被告人不再被视为平等对抗的诉讼主体,检察机关是人民民主专政的武器,而被告人是人民民主专政的对象。即便有学者认为被告人可以享有"辩护权",但是他们的出发点也不再是保障被告人的权利,而是要更加有力地打击人民的敌人。对于被告人能否享有沉默权,答案是不言自明的。有的学者认为,所谓沉默权不应当被视为一种权利,但是他似乎又在某种程度上赞成之前某些学者的观点,认为被告人保持沉默的行为可以被视为量刑情节而非定罪依据。另一些学者却提出了一个看似自相矛盾的观点,他们认为虽然被告人没有证明自己无罪的责任,但是有反驳检察机关所举证据的义务,如果被告人只是保持沉默,可以将其视为未能履行反驳检察机关所举证

---

[1] 李保民:《"无罪推定"不应作为我国刑事诉讼的原则》,《法学》1958年第1期。

据的义务，因此可以由此推定被告人的沉默是认罪的表现。

（四）对程序构建的批判

无罪推定对刑事诉讼程序之影响贯穿始终，因此以它为基础形成的一系列诉讼程序同样也成为人们批判的焦点。无罪推定实施的基础在于诉讼过程中审前程序和审判程序相对独立。法院享有独立的审判权，意味着对国家权力的限制，显然与当时刑事诉讼的基本理论相悖："我们刑事诉讼的基本理论应该是：从有利于无产阶级专政的观点出发，紧紧地在党的领导下，发挥公安、检察和法院三个专门机关的分工负责、互相配合、互相制约、统一对敌的作用"①。因此，对无罪推定的批判最终都要落到对以其为基础形成的诉讼程序的批判上，基本观点是将审前程序中公安机关的侦查活动与法院的审判活动进行分离是极端错误的。法院在刑事诉讼中的职能应当是对检察机关起诉的被告人的罪行进行认定，在检察官不出庭的情况下，法官完全可以取代检察官对被告人进行指控，因此法院的审判活动是无法从诉讼过程中独立出来的。

我国从有罪推定向无罪推定迈进的第一步就这样匆匆结束了，无罪推定在20世纪50年代昙花一现，自此成为学术的禁区。无罪推定的确立需要相应的理论基础，仅仅凭借学者的振臂高呼和学术论证，距离还十分遥远，这便注定了发生在新中国成立初期关于无罪推定的第一次论争失败的结局。

---

① 黄道：《应该彻底批判"无罪推定"的谬论——对"略论刑事诉讼中的无罪推定原则"一文的初步检查》，《法学》1958年第1期。

第二节　无罪推定立法之争

随着"文化大革命"结束，我国公民权利意识开始觉醒，对社会安定的渴望、对法治社会的憧憬以及对个人尊严和自由的追求越来越强烈，人权意识进入"觉醒和徘徊"时期。人们对国家权力合法性基础质疑的声音越来越大，国家权力合法性基础进行了一次重大调整，形成以发展经济，提高人民生活水平为中心的"政绩合法性基础"，国家权力与公民权利的关系也随之发生巨大变化，进而影响到了刑罚权的合法化运作。在刑事诉讼场域中，"国家应当如何对待犯罪嫌疑人和被告人？"这一问题自然也有了不同的答案，于是学界关于无罪推定的第二次论争渐渐拉开序幕，这一时期可以称为无罪推定在我国的"思潮与渗透期"。无罪推定思潮涌动并开始朝实践渗透。

一、无罪推定思潮再现的背景

1978年党的十一届三中全会可以说是我国的一个重大转折，同时也是人权观念在中国的一个重要转折点。"阶级论"人权观的种种弊端受到人们的批判，并且逐渐树立了"历史主义"人权观，人权从过去的"禁区"逐渐开放，为越来越多的公民所了解和接受。这一时期的人权观是"以国为本"的人权观，个人利益并未被提升至首要地位，人权的内涵还有待进一步发掘。公民权利意识的逐渐觉醒对国家权力合法化运作提出了更高的要求，"意识形态合法性基础"已经无法说服人们认可国家权力的运作。于是，在以邓小平同志为核心的党的第二代中央领导集体带领之下，以改革开放为契机，国家权力合法性基础调整为以发展经济，提高人民生活水平为中心的"政绩合法性基础"，引发了国家权力运作模式的巨大变动。国家权力开始呈现全面收缩之势，尤其在经济领域，国家权力收缩出现的空白地带即刻便被公民权利所占据，公民和社会团体在经济领域赢得了越来越大的自由空间。

(一)"以国为本"人权观初步形成

"文化大革命"结束后，我国思想界和理论界展开了一场关于真理标准的大讨论。"什么是人权""人权是否仅仅有阶级性"成为当时政法学界讨论的焦点。马克思主义经典作家曾旗帜鲜明地指出："共产主义对政治权利、私人权利以及权利的最一般的形式即人权所采取的反对立场。"[①]从这段论述来看，似乎马克思主义经典作家原则上对人权是持反对立场的。加上美国一直奉行人权外交政策，使人权这一原本属于法律范畴的概念被包裹上太多的政治色彩。这些都成为"阶级论"人权观在我国风行的重要原因。1979年3月22日，《北京日报》发表了《"人权"不是无产阶级的口号》一文，认为"人权"是资

---

① 《马克思恩格斯全集》(第三卷)，人民出版社1965年版，第228—229页。

产阶级的口号,从来就不是无产阶级的战斗旗帜,该文主张不能把"人权"这个资产阶级专政的破烂武器搬来作为治理社会主义国家的良药。甚至有些学者认为,在社会主义条件下再提出"尊重人权""争人权"的口号实际上是向党和政府"示威"。[①]这一说法虽然错误,但是却从反面揭示了人权理论对于保障公民个人权利的价值所在。但是此时与20世纪50年代"阶级论"人权观"独揽天下"的局面有所不同,已经有相当数量的学者提出要客观、公正地对待人权,不能简单地将人权视为资产阶级的口号。他们主张全面、客观地看待人权,用历史的眼光看待人权。人权应该是一个历史的范畴,不仅具有阶级性,也具有历史性,无产阶级可以使用而且应该使用人权作为自己的口号。马克思并不反对人享有权利,马克思主义的目的就是建立共产主义社会使人自由全面发展。这种社会理想的本质就是建立一个人得到充分尊重的社会,与人权所倡导的价值是一致的。

虽然就人权这一概念尚未达成共识,但是这种讨论本身已经说明人权观念不再是禁区,开始逐步开放成为人们探讨的焦点。1986年6月,邓小平在同"大陆与台湾"学术研讨会主席团全体成员的谈话中对人权问题首次做出了回应,他提出:"什么是人权?首先一条,是多少人的人权?是少数人的人权,还是多数人的人权,全国人民的人权?西方世界的所谓

[①] 陈佑武:《中国人权意识三十年发展回顾》,《广州大学学报》(社会科学版) 2008年第7期。

'人权'和我们讲的人权，本质上是两回事，观点不同。"[①]1986年9月，邓小平在党的十二届六中全会上的讲话中指出："一些外国资产阶级学者的议论，大都是要求我们搞自由化，包括说我们没有人权。我们要坚持的东西，他们反对，他们希望我们改变。我们还是按照自己的实际来提问题，解决问题。"[②]国家领导人对人权问题的正面回应，说明国内人权意识逐渐觉醒。邓小平的讲话一针见血地指出中国的人权观与西方国家的人权观的差异。中国的人权观是"以国为本"的人权观，即从国家和社会的整体利益出发，关注的焦点是普遍的幸福，确保享有人权主体人数的最大化。邓小平的观点表明，社会主义国家是讲人权的，但社会主义国家的人权观与西方国家的人权观有着本质区别。延续这样的思路，我国逐渐形成了"以国为本"的人权观。

人权意识伴随着改革开放的深入而逐渐觉醒，公民权利意识不断增强，对权利的主张越来越强烈，在经济、政治领域都可以看到国家权力开始呈现全面收缩之势。

首先在经济领域，伴随着"分权""放权"政策的推出，国家权力逐渐从经济领域撤退，1982年宪法赋予了个体经济在宪法上的合法性，给予了个体经济更大的发展空间，且通过国家根本法对这一空间进行了确认和保障。改革开放的深入进一步促使国家对经济领域的控制放松，1988年宪法修正案规定："国家允许私营经济在法律规定的范围内存在和发展。私

---

① 邓小平:《邓小平文选》(第三卷)，人民出版社1993年版，第125页。
② 邓小平:《邓小平文选》(第三卷)，人民出版社1993年版，第182页。

营经济是社会主义公有制经济的补充。国家保护私营经济的合法的权利和利益,对私营经济实行引导、监督和管理。"国家对私营经济地位的认可,意味着在经济领域出现了独立的权利主体,并且享有相应的一系列经济权利。

其次在政治领域,1978年以来,国家有意识地完善人民代表大会制度和选举制度。完善人民代表大会制度,使其实际作用与宪法所承诺的水平逐渐接近,以使"共和国"的题中应有之义即宪政能够获得初步的实质性意义;完善选举制度,虽然难免有"走形式"之嫌,但是被称为"草根民主"的以村民自治为代表的基层民主选举制度的确立的确体现出了一定程度的转变。1983年10月12日,中共中央、国务院发出《关于实行政社分开建立乡政府的通知》,正式宣告了高度集权的人民公社体制废除。1985年,乡镇人民政府—村民委员会—村民小组这一新的基层政权组织形式逐渐在全国确立。人民代表大会制度和选举制度的完善在很大程度上满足了当时人民参政的愿望,保障了公民政治权利的实现,体现了国家对公民个人权利日益重视。

(二)"政绩合法性基础"的确立

新中国成立初期,我国政府在构建国家权力合法性基础的过程中,强调社会主义意识形态的重要性。在这一时期,国家对社会资源进行集中管理,并致力于推广社会主义理念。然而,随着时间的推移,特别是"文化大革命"结束后,人们开始反思,认识到需要更加理性、务实地看待国家发展的道路。

1978年，随着改革开放的推进，我国政府开始寻求新的国家权力合法性基础，即通过经济建设和社会进步来赢得人民的支持。这一转变标志着国家权力运作模式的重大调整，也对我国社会产生了深远的影响。20世纪80年代，"政绩合法性基础"成为国家权力合法性基础，这种以实际成果为导向的合法性基础，在当时的确有助于推动国家的经济发展，提高人民的生活水平，从而为国家的长期稳定和繁荣奠定基础。

　　我国政府通过改革开放实现国家权力合法性基础向"政绩合法性基础"转变。但是，与苏联的激进式改革不同，我国走的是政府主导下的"渐进式改革"道路。按照著名学者康晓光的观点，当社会对变革制度的要求已经出现，而且相当强烈时，如果力量强大的政府选择了"以变图存"策略，那么此时的制度变迁就属于"政府主导型改革"。"政府主导型改革"必然是"渐进式改革"，这是一个"明智的"政府所能做出的最负责任的选择，满足了"以牺牲眼前的局部的利益来换取长期的整体利益"的博弈原则。"政府主导型改革"，率先进行的改革必须既能给政府带来最大的利益，又能使政府受到最小的损失。因此，我国的改革率先在经济领域进行，经济改革可以加快经济增长，从而有效地确立"政绩合法性基础"，提高国家权力的合法性，同时不至于对政治领域和社会领域产生过多的影响。[①]

　　随着国家权力的"政绩合法性基础"逐步确立，过去单一

---

① 康晓光：《90年代中国大陆政治稳定性研究》，《二十一世纪》2002年第8期。

权力格局的局面被彻底打破，市场开始瓜分国家在经济领域的局面。国家权力不断收缩，原来高度集中的国家权力开始从政府转向社会，从政治领域转向经济领域，从集体转向个体。随着经济和社会的发展，尤其是社会主义市场经济体制的确立，经济领域和社会领域均有了一定的发展，从而获得了相对独立和开放的自由空间。自由空间不断扩大导致国家与经济、社会之间结构的分化，相对独立的社会力量逐步形成。过去政党、国家、社会三位一体的格局逐渐转变为各自相对独立的格局。20世纪80年代，改革开放推动了国家权力合法性基础的调整，进而改变了国家权力的格局，最终实现了国家权力在经济领域和社会领域的普遍收缩。

相较于无罪推定第一次论争的背景，20世纪80年代发生的这次关于无罪推定的论争虽然不能说处在学术探讨的晴空之下，但是环境显然更为宽松和自由，这不能不说是一个重大的进步。但是无罪推定确立所必需的理论基础此时显然还不具备，无论是人权观念的发展，还是国家权力合法性基础的调整。理论基础的缺乏注定了此次关于无罪推定的论争的草草结束。

二、回归学术问题的无罪推定之争

人权意识的觉醒和国家权力合法性基础的调整，意味着国家权力与公民权利关系的转变和国家权力运作模式的重大调整，这些对刑罚权的运作产生了深远的影响。刑事司法的基本问题"国家应当如何对待犯罪嫌疑人和被告人？"再度成为学界关注的焦点,这便拉开了无罪推定第二次论争的序幕。

新中国成立后学界关于无罪推定的第一次论争,最终的核心在于它到底是学术问题还是政治问题。无罪推定对国家权力的约束使它"当之无愧"地被作为政治问题,相关的学术探讨被全面禁止,更谈不上对立法和司法实践的影响。及至改革开放初期,随着法制的恢复以及刑事诉讼法的制定和颁布,无罪推定如同被深埋在土里的种子,在改革开放的春风吹拂之下,终于等到了破土而出的时机。无罪推定此次被重新提起,首先要做的便是回归学术问题,允许学界对其进行探讨。

1979年2月17日,《人民日报》发表《一个值得研究的问题》,指出可以将无罪推定规定于正在准备制定的刑事诉讼法,或者至少应当吸取该原则的精神和某些内容。这篇短短的文章相较于我国20世纪50年代中期的众多法学论文,对无罪推定的论述更加简洁明了。文章作者一开始便明确赞成早期论文中提到的公安机关和检察机关的各种侦查和起诉活动都不应当被视为定罪之依据,只有法院才具有最终的定罪权。此外,作者还十分大胆地指出无罪推定最重要的价值乃是为那些证据不足的案件或者说是存疑的案件设定一个解决的途径。这一观点虽然曾经也在不少学者的论述中被提及,但是如此明确地强调无罪推定这一价值的可以说是第一次。在反右派斗争中,实事求是原则被视为否定无罪推定之理论依据,认为在司法工作中如果坚持实事求是原则便不需要再进行什么所谓无罪推定。文章中作者对以上观点也进行了深入的批判,且再次强调正是在那些事实不清、证据不足的案件中无法"实事求是"去发现事实真相，因此遵循"遇有疑义时应有利于被告"的司法原则，正是无罪推定发挥作用之处。文中写道："我们不能无限期地使被告处于不确定的状态中。经过充分的侦查和调查，仍不能证明被告犯罪时，就应当对被告是否犯罪的问题作出结论。"[①]对于那些事实不清、证据不足的存疑案件，在事实查清之前我们必须通过某种推定使其得以尘埃落定。最终，这篇文章得出了一个结论：在案件存疑的情况下，无罪推定大大优于有罪推定，而且与实事求是的原则相契合。这篇文章拉开了学界重新探讨无罪推定的序幕，它从学术探讨的角度触及了该原则的核心问题——对刑事诉讼中国家权力运作的规范，预示着对无罪推定的探讨将从政治问题回归到学术问题，使之前许多被视为禁区的问题重新回到学术探讨的层面上来。

在《人民日报》的这篇文章发表之后不久，《现代法学》发表了王秉新的《关于"无罪推定"原则的探讨》，该文旗帜鲜明地提出："学术上的是非问题，只能通过学术界的自由讨论去解决，通过艺术和科学的实践去解决。刑事诉讼中的'无罪推定'原则，是法学上一个重要的理论问题"，"我们必须在刑事诉讼中，冲破'无罪推定'这个禁区，拔掉'有罪推定'这根毒牙，否则，发扬社会主义民主，加强社会主义法制，就是不可能的"[②]。此时，国家权力合法性基础正从"意识形态合法性基础"向"政绩合法性基础"转变，政党、国家和社会三位一体的格局与高度集中的权力运作模式都在发生改变，学术

[①] 田采：《一个值得研究的问题》，《人民日报》1979年2月17日，第3版。
[②] 王秉新：《关于"无罪推定"原则的探讨》，《现代法学》1979年第1期。

探讨的自由度大大提高。学者越来越深刻地意识到学术探讨不应当有任何禁区，对于不同的意见可以相互争辩，但是不应当随意将其上升为政治问题。这样的基本共识虽然并不意味着学界对无罪推定之性质达成共识，但是起码论争的基点已经回到学术层面上，为不同观点的表达和交锋提供了一个平台。

三、无罪推定性质之争告终

随着社会的发展，人们对刑罚权运作合法性的质疑声也越来越大。学者也认识到只有通过刑事诉讼程序对刑罚权运作进行引导和规制才能防止陷入刑罚弥散化的境地，也只有刑事诉讼程序能够消除人们对刑罚权运作合法性的质疑。遵循这一基本思路，改革伊始便涌现出诸多对无罪推定持赞成态度的观点。但是这一时期还有很大一部分学者纠结于无罪推定的性质始终持反对态度。

在阶级属性的问题上，无论是支持者还是反对者，基本上都认同无罪推定的资产阶级属性。所不同的是支持者认为法律既具有阶级性也具有社会性，不应当因其阶级性而否定其社会性。[①]具体到无罪推定，虽然它是资产阶级国家的刑事诉讼原则之一，但仍有值得无产阶级国家汲取的精华，我国应采取该原则或至少吸取其基本精神。无罪推定的可用性与法的阶级性

---

① 王北海：《法的阶级性与社会性问题的探讨》，《理论学习月刊》1989年第6、7合期。

无关,谁掌握了它,它就可以为谁服务。①对于反对者的观点我们并不陌生,他们始终坚持"以属性论英雄",只要是资产阶级的东西就绝对不能为社会主义国家所用,资产阶级法制体系的无罪推定和有利被告等是与社会主义法制不相容的。虽然无罪推定包含某些合理的因素且在历史上曾起过进步作用,但不能作为我们社会主义国家的刑事诉讼原则。②

在无罪推定是唯物还是唯心的问题上学者出现了截然不同的观点,部分学者坚持无罪推定并非唯心主义的,而是唯物主义的。他们认为经过侦查阶段无法获得足够证据而存疑的案件采用无罪推定从而得出有利于被告人的结论是符合唯物主义思想的,而且与社会主义法制并不矛盾。我国所认可的实事求是的原则在司法实践中需要获得其他原则的支持,尤其是在缺乏足够的证据而又必须做出判决的情况下,无罪推定可以说是实事求是原则在刑事诉讼中的体现。③反对者的观点与20世纪50年代相比并没有太大的突破,他们认为这一原则是"资产阶级的法律原则",是形而上学的、主观主义的和非科学的。实事求是原则已经是我国刑事诉讼中遵循的基本原则,根本没有必要再加上什么所谓无罪推定。正如1958年对无罪推定批判的文章中所普遍持有的一种观点,认为只要我们坚持"实事求

---

① 苏万觉:《"无罪推定"原则不能否定——与张子培同志商榷》,《现代法学》1981年第2期。

② 罗新民:《无罪推定不是社会主义的诉讼原则》,《现代法学》1982年第3期;邓崇范:《坚持实事求是 扬弃无罪推定》,《求是学刊》1983年第3期;等等。

③ 陶髦、武延平:《应坚持实事求是原则对待刑事被告人》,《北京政法学院学报》1981年第3期;许务民:《从先判后审看无罪推定的可取性》,《法学》1987年第1期。

是，有错必改"的原则，那么刑事诉讼中所有的错误都会得到纠正，根本不需要担心错案的存在。以上观点并没有跳出阶级和政治立场批判的模式，更没有对无罪推定进行法理方面的深入探讨，然而却代表了当时一大部分司法工作者和学者的观点。无罪推定始终被描述为反动的、主观主义的和形而上学的，它会使审判机关犯右倾主义错误，将被告人推定为无罪将削弱无产阶级专政政权打击犯罪的力度。①

虽然在改革开放初期无罪推定的性质依然是论争的核心，但是无论是赞成的观点还是反对的观点都未有突破，学者思考和论证的模式始终没有跳出阶级对立和意识形态的局限。由于关于无罪推定的性质之争对学术创新、立法完善和司法实践都未带来任何刺激和推动，因此学者关注的焦点渐渐转移。

四、无罪推定立法之争开启

在改革开放和解放思想背景之下，人权意识逐渐觉醒和政府对国家权力合法性基础进行重建的努力都促使国家权力与公民权利的关系发生了巨大的变化。这种变化最直接的体现便是在刑事诉讼场域中。许多学者注意到了这一变化，因此在探讨无罪推定的问题时，他们跳出了阶级属性的局限，从更广阔的层面，以更加专业的眼光来审视无罪推定。他们思考的模式和关注的焦点都不再拘泥于该原则的性质，而是在总结历史经验

---

① 罗新民：《无罪推定不是社会主义的诉讼原则》，《现代法学》1982年第3期。

教训的基础上，从我国权力合法性基础重建的角度出发，将讨论的焦点转移至"无罪推定是否适用于我国"。

学者对"无罪推定是否适用于我国"并没有达成共识。有的主张直接在立法中确立无罪推定，认为："任何刑事诉讼，在对待被告人问题上，不是'无罪推定'，就是'有罪推定'，二者必居其一。在社会主义刑事诉讼的理论和实践中，对'无罪推定'的任何轻视和削弱，都意味着'有罪推定'的复活和危害的加深。如果说，解放以后的我国人民在五十年代对这个问题还看不清楚的话，那么，通过一系列反面事实的教训……这个问题就暴露得十分清楚了。"目前，我国人民特别需要"社会主义民主和社会主义法制，特别需要在社会主义的刑事诉讼中，坚持对被告人实行'无罪推定'原则。这是历史的教训，人民的需要"[1]。人类长期以来的政治和司法实践已经充分证明，"无罪推定"和"有罪推定"尖锐对立，"有罪推定"是与专制独裁的政治制度相联系的，"无罪推定"则是与民主的政治制度相联系的。[2]我国现在既然已经在建设民主和法治的社会主义国家，无罪推定显然适用于我国。另一部分学者则不赞成在立法中确立无罪推定，他们根据中国以往的经验，认为："盲目地在刑事诉讼程序中否定无罪推定思想将导致有罪推定的盛行以及审判程序的形式化。在有罪推定的模式之下，任何犯罪嫌疑人都被视为罪犯，在等待审判时也如罪犯一般被强制劳动；而法院则始终无法摆脱其附属地位，只能是对前

---

[1] 王秉新:《关于"无罪推定"原则的探讨》，《现代法学》1979年第1期。
[2] 同上。

面侦查机关和检察机关活动的认可,而不是对被告人'罪与非罪'的独立判决。"但是这不意味着无罪推定就适用于我国,因为无罪推定替代有罪推定是从一个极端走到另一个极端,单纯从保护被告人、有利被告人出发,虽然能保护无辜者,但那些货真价实的犯罪分子则可能以此作为护身法宝对抗侦查。因此,他们最终得出以下结论:我们应该认真地汲取无罪推定的有益的内容和合理的成分,但不能把它作为我国刑事诉讼的指导原则。[①]那么哪些属于无罪推定的"有益的内容"和"合理的成分"呢?学者的观点出奇地一致,都认为无罪推定对被告人的诉讼主体地位的肯定,在被判定有罪之前对被告人的公民权利应予以保护的理念和相关制度是"有益的内容"和"合理的成分"。

改革开放初期关于无罪推定的论争与20世纪50年代末期的论争相比,政治环境、经济环境和社会环境都发生了极大的变化,公民享有的自由和权利越来越多。这一切自然使人们越发关注在刑事司法场域中国家刑罚权运作与公民权利保障二者关系的处理。刑事诉讼程序对国家刑罚权运作的约束需要达至怎样的程度,是1979年刑事诉讼法制定过程中人们探讨的核心问题,学界对无罪推定的论争很大程度上也是因为对这个核心问题的回答不同。从1979年刑事诉讼法中我们可以看到学术对立法所产生的影响,看到立法者对无罪推定内涵中"精髓"的承认和有限吸收,也能够看到无罪推定开始从抽象的学

---

① 廖增昀:《对无罪推定原则的几点看法》,《法学研究》1980年第5期;许务民:《再论无罪推定的可取性》,《法学》1988年第7期。

术理论层面向具体的立法层面发展。虽然速度十分缓慢，但是却让我们看到了希望。

五、"刀把子"风波——无罪推定再遭否定

在国家权力合法性基础转变为"政绩合法性基础"之后，国家权力运作模式发生了巨大的变化。在刑事司法场域，1979年刑事诉讼法的制定和颁布表明国家刑罚权合法化路径终于回归到刑事诉讼程序之中。立法活动前后，需要投入大量学术资源进行论证，无罪推定首先成为学者关注的焦点，掀起了学界关于无罪推定论争的第二轮高潮。但是这场论争最终依然以"清除精神污染"为由被强行终止。就当时学界关于无罪推定的论争的形势来看，越来越多学者意识到，国家刑罚权运作的合法性必须通过以无罪推定为基石构建的刑事诉讼程序方能获得。因为当时学界对无罪推定的赞成与政府将要发动的"严打"运动相悖，所以无罪推定首当其冲，再次遭到全面否定，这同时也是"刀把子"风波的起因。

（一）风波的导火索——徐盼秋的发言

1983年春节后第四天，中共中央书记处书记陈丕显同志在上海展览馆接见了上海法学界的专家、教授和上海市公检法司部门的负责人，座谈会的目的是希望司法战线的同志们能够就立法、司法和政法工作的改革问题自由地发表意见，没有任何约束，话讲错了也没有关系，实行不打棍子、不抓辫子、不

戴帽子。原华东政法学院院长徐盼秋教授提出政法部门的改革，首先应从观念上入手。他说，党的十一届三中全会后各行各业拨乱反正，相比之下，政法部门拨乱反正做得不够，"左"的东西清理少。例如人们往往把政法部门说成是"刀把子"，这在过去是正确的，现在阶级关系发生了根本变化，今天政法部门当然还有"刀把子"的作用，但政法部门还有保护人民民主权利、处理大量人民内部矛盾和经济纠纷等方面的任务。因此，简单地用"刀把子"来概括政法部门的整体功能是不够的，也是不科学的。徐盼秋发言后，与会者和中央、市委的领导没有人提出异议。最后，陈丕显同志还就政法部门存在的问题发表了看法，他一再要大家解放思想，克服工作中的一切弊端，用新的思想进行改革。他说政法部门在改革实践中，会遇到许多新的具体问题，希望法学理论工作者进行深入的探讨。[①] 当时没有人想到徐盼秋的发言会成为"刀把子"风波的源头。

（二）风波起——对法学界资产阶级自由化现象之批判

风波是在1983年11月中国法学会召开第二次扩大的理事会上刮起来的。在中国法学会上对徐盼秋的批判很出乎人们的意料，因为"刀把子"的观点并非徐盼秋独创，中央领导同志对政法机关的改革曾多次提出要解放思想，改变传统观点，冲破老框框、老套套。他们虽然没有提过应改变政法机关"刀把子"的单一职能，没有提出要让公、检、法实现职能的相互分

[①] 张传桢、李然:《"刀把子"风波记——建国以来法学界重大事件研究（一）》，《法学》1997年第6期。

离，但对政法工作要把工作重点转移到为改革开放、为发展社会主义经济建设服务上来，则是明确的。大约在会议的第三天，中央领导发话下来，大意是，反对精神污染主要是哲学理论界、文艺界的事，具体问题要具体分析，法学界不要盲目凑热闹。由此，"刀把子"风波与无罪推定、有利被告论等一起得到了平息。[1]

（三）风波的真正原因

虽然这场风波对法学界的影响远不如20世纪五六十年代对法学界"资产阶级观点"之批判，然而在当时提倡解放思想、冲破框框、畅所欲言的政治和社会环境之下，法学界出现的这场风波显得格格不入甚至有点小题大做。那么为什么当时会在法学界出现这场风波呢？究其根本原因，笔者认为从发生时间来看，这场风波的真正目的并不局限于徐盼秋关于"刀把子"的发言，而是为了给"严打"运动扫清在法学界的思想障碍，获得法学界的舆论支持。正如前文所述，从当时法学界及司法实务界以无罪推定为核心展开的一系列对我国刑事司法制度构建的讨论中不难看出，在"保护被告人权利"和"法院职能独立"上人们基本达成了共识，且随着讨论的不断深入，社会公众也潜移默化地受到了影响，逐渐树立起个人权利意识，并且对刑事诉讼场域中国家对待被追诉人的方式提出了越来越多的质疑，希望国家权力的运作能够更加尊重被追诉人的权利。

---

[1] 张传桢、李然：《"刀把子"风波记——建国以来法学界重大事件研究（一）》，《法学》1997年第6期。

"严打"运动着眼于司法领域，政法界的支持与配合在很大程度上决定其成败。当时，法学界和司法实务界围绕无罪推定的一系列讨论与"严打"运动的目标和要求存在差距，不利于运动的开展。因此，为了营造有利于"严打"运动的思想氛围，有关部门采取了一系列措施，这便是"刀把子"风波的真正原因。风波的矛头虽然指向的是公、检、法三机关的"专政"性质，但是从当时领导人的发言可知，强调三机关的"专政"职能其实是为了强调三机关相互配合的关系，从而淡化它们之间职能的分离和独立，最终目的在于否定法院享有独立审判权这一体现无罪推定基本精神的制度，因为这从根本上是对国家权力的一种限制。这场风波并未局限在"刀把子"一说上，还以法学界资产阶级自由化倾向严重为名，将无罪推定、被告人权利保护等统统纳入打击的范围，一并予以平息，从而强行终止了改革开放初期无罪推定在学术和立法两个层面上的渗透，无罪推定在我国的确立也因此中止，刚刚在这片土地上萌芽的无罪推定再次遭遇灭顶之灾。关于无罪推定的第二次论争匆匆画上句号。人权保障在刑事司法中依然没有得到足够的重视，作为法治型诉讼模式之基石的无罪推定在当时的环境下，自然无法独善其身。

虽然20世纪80年代初期对无罪推定的探讨被压制下去，但是随着国家权力合法性基础调整的逐步深化，国家权力与公民权利也在不断寻找新的平衡点，政治口号对学术研究的封锁很快被解除。随着思想解放的推进，学界再次恢复了对无罪推定的探讨。值得一提的是，20世纪80年代初期对无罪推定的压制并没有影响学者对该原则进一步探讨的热情。20世纪80年代后期,学者基本上摆脱了过去意识形态化的思维模式和专政话语,讨论的态度更加民主、开放和理性,形成了几乎是新中国成立以来最大范围的共识,即赞成无罪推定并力求推动其付诸立法[①]。虽然还有反对的声音,但是在铺天盖地的赞成主张面前显得十分无力,成不了什么气候了。

第三节 无罪推定的本土化

20世纪90年代,中国的人权意识进入了"启蒙与传播"时期,社会主义人权观的内涵不断丰富,人们对人权问题的认识也越来越深刻,并且将人权保障上升为法律的基本目的,围绕人权开展法治建设成为历史趋势和时代要求。人权意识的发展与传播让更多的社会公众了解并开始运用人权理论主张和保障自己的权利,进而对国家权力的合法性提出了更高的要求。国家权力合法性基础从建立在满足人们单一物质需要之上的"政绩合法性基础"调整为以发展经济、社会公平等为核心的"新政绩合法性基础",国家权力运作的大环境再次发生重大改变。作为国家刑罚权合法化路径的刑事诉讼程序也在1996年刑事诉讼法修改后开始向法治型诉讼模式转变。无罪推定作

[①] 许务民:《从先判后审看无罪推定的可取性》,《法学》1987年第1期;庄蓝:《无罪推定原则应予确定》,《法学》1987年第1期。

为法治型诉讼模式之基石,究竟应当何去何从?这个问题成了无罪推定第三次论争的核心。20世纪90年代中期至21世纪初期,可以称之为无罪推定的"体现和摸索期"。

一、无罪推定第三次思潮的背景

经过20世纪80年代的思想解放,我国呈现出崭新的社会面貌,成为无罪推定第三次思潮的背景。

(一)中国人权建设的发展

社会主义人权观以强调大多数人的人权为核心特征,已经初具雏形,"阶级论"人权观渐渐失去人们的支持。对于人权的性质问题以及是否应当保障公民人权等问题,已经不再是人们探讨的焦点。学者将更多的精力投入到对社会主义人权内涵的探讨及人权基本原理问题的研究和诠释之中,最终的目的是解决在我国应当如何实现公民的人权这个最根本的问题。1991年11月1日,国务院新闻办公室发表《中国的人权状况》白皮书,这是中国政府向世界公布的第一份以"人权"为主题的官方文件,不仅允许世界了解中国的人权状况,并且积极地向世界各国阐明中国在"人权问题"上的基本立场,力求让世界了解中国公民的人权现状。对世界公开中国人权状况的直接结果,便是促使中国政府加快通过法治实现人权制度建设的步伐。

1997年9月,党的十五大首次将"人权"写入全国代表大会的主题报告之中,江泽民在报告中指出:"共产党执政就是领导和支持人民掌握管理国家的权力,实行民主选举、民主决策、民主管理和民主监督,保证人民依法享有广泛的权利和自由,尊重和保障人权。"将"人权"纳入党的执政纲领之中,将其作为党的执政目标之一,无疑标志着人权意识在中国已经进入了新的发展阶段——"启蒙与传播"时期。然而从世界各国的经验和普遍做法来看,对人权真正的保护应当落实到法律制度之中,只有通过法治才能实现人权。1997年10月与1998年10月,中国政府分别签署加入联合国《经济、社会及文化权利国际公约》和《公民权利及政治权利国际公约》。加入国际公约意味着承认公约中关于人权的规定对本国的约束力,本国的法律不应当与公约的相关规定有冲突,因此加入国际公约可以说是中国实现人权的法律保障的第一步。

由此可见,这一时期人权获得了名正言顺的政治地位与社会地位,国家从肯定人权逐渐转向通过法律确立人权保障体系。这一深刻变化直接影响了国家权力的来源理论和运作模式,为随后的宪法修订实现"人权"入宪的重大突破奠定了基础。围绕人权开展法治建设已经成为时代的强音和历史的必然趋势。

(二)"新政绩合法性基础"的形成

20世纪80年代,我国在以邓小平同志为核心的党的第二代中央领导集体带领下进行了国家权力合法性基础的重建工作,"政绩合法性基础"取代"意识形态合法性基础"成为我国政府的选择。这一选择决定了20世纪80年代国家权力的合法化路径和权力运作模式,也决定了改革开放的模式。自改革开放以来,"中国社会发生了全面而又深刻的变化,在社会内部正经历着一场不可逆转的'权力分裂'过程,逐步发育出一个相对自治的社会空间,国家与社会的关系发生了实质性的变化"①,中国的社会转型不断深入。

中国政府选择在经济领域率先进行改革,将经济增长作为重要政绩之一,从而有效地提高政府的合法性。必须承认,经济领域的改革使经济快速增长,一度让中国充满生机。然而随着改革不断深入,所面临的问题越来越多,遭遇的阻力越来越大,前进的难度也越来越大。经济发展面临动力疲软,社会领域贫富差距悬殊。在政治领域,国家必须面对群众日益高涨的参政要求。这些问题已经从根本上动摇了片面强调发展经济的"政绩合法性基础",仅仅凭借发展经济所取得的政绩显然已经不足以应对社会矛盾以及民众的质疑。此时,国家所面临的权力合法性危机丝毫不亚于20世纪80年代初期。如何解决精英阶层和大众阶层之间的矛盾,找到二者都能接受的权力运作模式,是这一时期国家的当务之急。片面强调发展经济的"政绩合法性基础"显然无法应对以上局面,国家选择对国家权力合法性基础予以调整,扩大其内涵,将社会公平作为国家权力运作的另一个重要目标予以确立,使其与发展经济共同组成"新政绩合法性基础",强调国家不仅要从绝对值上提高人民的生活水平,还应当从相对值上努力确保社会资源分配的公平。所谓社会资源分配不仅包括财富分配,还包括政治权利的分配。

---

① 康晓光:《经济增长、社会公正、民主法治与合法性基础——1978年以来的变化与今后的选择》,《战略与管理》1999年第4期。

对社会公平的强调，既是人权意识不断发展的结果，尤其表现在民众要求获得平等的参政权这一方面，同时也是国家权力运作进一步规范的体现。

"在1999年3月15日的第三次修宪中，宪法第五条第一款增加了'中华人民共和国实行依法治国，建设社会主义法治国家'。这是首次在宪法中突出法治理念，意味着中国共产党要从包揽一切、全面集权、以党的政策代替法律的方式向依法执政转型。从原来的讳言法治到现在的建设法治国家，表明了中国共产党为了适应当今时代的要求，主动在自身执政观念与国家管理社会方式方面进行的调整。"[①]"依法治国"原则的确立，是我国朝着社会主义民主法治国家又迈出一大步的重要体现。国家已经意识到，只有"民授合法性基础"才能为国家权力提供最终的合法性支持，"新政绩合法性基础"只是暂时性的过渡，它是为最终确立"民授合法性基础"做准备的。

这一时期，无论是人权意识的发展还是国家权力合法性基础的调整，都表现出朝着"以人为本"人权观的树立与以民主和法治为核心特征的"民授合法性基础"的确立的方向发展的趋势。虽然道路十分漫长，但是为最终顺利到达终点奠定了基础。这一时期并不是简单的过渡阶段，而是漫长征途中最关键的十字路口，只要在这里确定了正确的方向，即使接下来依然会有艰难坎坷，也不会误入歧途。从这一发展趋势来看，国家刑罚权的运作必须受到以无罪推定为核心形成的一系列规则的

[①] 叶麒麟：《政党国家转型的内在逻辑——改革开放以来中国共产党的适应性研究》，《中共天津市委党校学报》2010年第3期。

约束和引导。以无罪推定为基础构建而成的刑事诉讼程序已经成为"国家应当如何对待犯罪嫌疑人和被告人？"这一刑事司法的基本问题的答案。在1996年刑事诉讼法修改前后发生的第三次论争我们可以看到，是否确立无罪推定已经不再是学者关注的焦点，如何在立法中实现无罪推定才是关键。

二、1996年刑事诉讼法修改之际的反思

随着刑事诉讼法修改被提上日程，大量学术资源也被投入立法修改的研究之中，学者对我国应当确立无罪推定基本上已经达成共识，转而探讨如何借助此次立法修改在我国刑事诉讼法中确立无罪推定并实现本土化，无罪推定作为我国的一项刑事诉讼基本原则应当具有怎样的内涵。这一时期对无罪推定的探讨总是与将"保障人权"作为刑事诉讼法的基本目的紧密联系，无罪推定对被告人权利的保障价值得到了前所未有的重视。尤其在刑事诉讼法修改被提上日程之后，立法活动进一步激发学术探讨。一时间，学界围绕我国应当确立怎样的无罪推定涌现出许多成熟、深刻、新颖的观点。这次关于无罪推定探讨的意义和价值远不同于之前的两次，人权观念和程序法治理念在学术层面初步得到了确认。

1983年开展的"严打"运动在当时对维护社会治安、稳定社会秩序起到了积极作用，但它对司法体系的影响也不容忽视。这一运动导致在实践中出现了一些与刑事诉讼法规定不符的做法，比如收容审查的频繁使用、超期羁押现象大量存在、

辩护制度未能充分发挥作用、大量被告人被不正确地起诉或免予起诉等等。1979年刑事诉讼法的制定是在法制建设初步恢复的背景下进行的，其程序构建未能充分考虑到对国家权力的限制，导致司法职权、侦查和控诉权能强化，同时也暴露了审判权与其他权力之间界限模糊。这些问题是贯彻法治精神和实现司法公正面临的挑战。

与国家权力相反，被告人的权利受到种种限制，诉讼程序对被告人的保护形同虚设。随着改革开放的不断深化，尤其是我国权力合法性基础向制度基础转变，国家权力和公民权利的关系再次发生变化，公民权利越来越受到重视，国家权力的运作也日益规范和谦抑，这些都使现行刑事诉讼法的弊端越来越难以为人们所接受。显然，对现有法律的批判不是学者的最终目的，他们批判的同时也在探讨如何进一步完善立法。随着探讨的日渐深入，他们越来越深刻地意识到：如果不坚持在做出有罪判决以前被告人应当视作无罪的原则，就无法杜绝先判后审此种明显违反程序法的现象。同样，被告人未经判决已丧失应有权利的现象时常发生，根源是我国尚未确立无罪推定，执法人员尚未确立个人权利不可侵犯的观念。[①] 大部分学者最终将希望放在了无罪推定上，对该原则的又一次探讨就这样拉开了序幕。只是这次学者不再满足于从理论上对其性质进行分析和诠释，他们进一步探讨如何将这一重要原则在我国立法中制度化、具体化。于是，我国应当确立怎样的无罪推定，或者无罪

---

① 许务民：《从先判后审看无罪推定的可取性》，《法学》1987年第1期；庄蓝：《无罪推定原则应予确定》，《法学》1987年第1期。

推定如何本土化,成为学界关于无罪推定的第三次论争的重点。

三、无罪推定的本土化

这一时期学界对无罪推定的内涵有了进一步的了解,对无罪推定约束国家权力,保障被告人主体地位和权利的内在精神也日益推崇。我国是否应当确立无罪推定显然已经在学界达成共识。但是无罪推定作为来自西方资产阶级民主法治国家的法学思想,若要在我国立法中予以确立并实施,应当如何体现在制度设置和程序构建之中?它能否与我国现有的法文化和法学思想融为一体,能否最终实现本土化?我国应当确立怎样的无罪推定?这些问题吸引了学者的关注。从这一时期的论著来看,人们倾向于将无罪推定与刑事司法中的人权保障联系起来,将无罪推定作为人权观念在刑事诉讼中的具体体现,并从如何实现人权保障的角度探讨我国无罪推定本土化的进程。

(一)无罪推定与人权保障

从学界对1979年刑事诉讼法的反思可以看到,人们对刑事司法中对被告人权利的保障越来越重视。1996年刑事诉讼法的修改成为学界关于人权保障的研究成果向制度设置和程序构建层面推进的良机。这一时期学界涌现出许多关于刑事司法中人权保障问题的研究成果,其中很多都提及无罪推定。

首先,随着人权意识的发展与传播,公民权利意识不断增强,通过法律确保人权的实现成为我国今后人权保护的核心。

刑事司法是公民人权最易受刑罚权侵犯的重要场域，刑事司法中能否实现对公民权利的保障是一国人权状况的缩影，因此学者越来越重视刑事司法中的人权保护问题。有学者认为："现代刑事诉讼是由控、辩、审三方构成的一个均衡的三角体。在这个三角体中，由于辩方（犯罪嫌疑人、被告人一方）本身处于被指控的地位，因而人们容易忽视辩方的权利，从而使本应均衡的三角体发生倾斜。因此，被告人、犯罪嫌疑人权利是否充分，是衡量刑事诉讼是否公正的重要标志之一；它也是一个国家人权保护状况的小小的缩影。"[1]学者认识到，以追究犯罪惩罚犯罪为特征的刑事诉讼活动，实质上是国家与个人之间的权益冲突。因为二者力量悬殊，所以为了确保诉讼过程的公正以及诉讼结构的合理，必须构建科学的诉讼程序，以限制国家权力的膨胀和司法手段的滥用。怎样才能做到呢？赋予被告人与控诉方相抗衡的防御权利，通过权利控制权力。由此可见，学者关注的焦点是刑事诉讼中对人权保障观念的强调，并且尝试将这一观念体现到立法中。

其次，如何在刑事诉讼中落实"以人为本"的基本精神，确保对被告人权利的保障？从当时的众多文献来看，学者不约而同地将无罪推定在立法中的确立作为刑事诉讼中实现人权保障的首要条件。无罪推定被视为刑事司法中人权保障体制的核心，其他一切权利的设立都依赖于无罪推定。张令杰、张弢、王敏远于1991年在《法学研究》发表的论文《论无罪推定原则》

---

[1] 肖巧平：《从刑事诉讼法的〈修改决定〉谈我国刑事诉讼中的人权保护》，《湖南教育学院学报》1996年第6期。

对以上观点进行了论证,是这次关于无罪推定的论争的一个高峰。该文旗帜鲜明地指出,无罪推定乃是刑事诉讼法的基本原则,它不应当是孤立的,而需要与整个刑事诉讼制度紧密联系起来,并且具体化为一系列制度和程序构建。无罪推定要求追究被告人的刑事责任须经法律规定的程序,那么就应当为追究被告人的刑事责任设立一定的诉讼程序,并维护其不可违反的法律尊严;既然无罪推定假定被告人在判决前是无罪的人,那么在任何具体的案件中,要推翻这一假定,就必须由指控者提出充分确凿的证据予以证明,证据的取得必须符合法律规定,如果是由刑讯逼供及其他非法手段获取证据则应被禁止,被告人不需要承担证明自己无罪的责任。①

最后,既然无罪推定假定被告人在判决前无罪,那么在判决前不能将其当作罪犯对待,保障其基本权利不受侵犯,同时赋予其相应的诉讼权利。从以上论述中可以看到,该文把握住了无罪推定具体化的实质,它的影响覆盖刑事诉讼各个阶段,为一系列司法制度提供了理论依据。该文最后得出结论,无罪推定"已经成了刑诉制度现代化及进步性的重要标志之一"。②无罪推定确定了犯罪嫌疑人、被告人在诉讼中的主体地位,以确保这一主体地位为核心形成了一系列诉讼权利,这些诉讼权利正是人权保障观念在刑事司法中的具体体现。由此可见,无罪推定以保护犯罪嫌疑人、被告人在刑事诉讼中的合法权利为核心,反映了现代司法观念的价值取向。

---

① 张令杰、张弢、王敏远:《论无罪推定原则》,《法学研究》1991年第4期。
② 张令杰、张弢、王敏远:《论无罪推定原则》,《法学研究》1991年第4期。

（二）无罪推定与权力规制

无罪推定对保障人权的价值更多的是通过对国家权力的规制予以体现的。因此，在关注无罪推定的人权保障价值的同时，学者更多地从完善立法的角度探讨无罪推定的具体化。

越来越多的学者探讨无罪推定在我国立法中的具体构建，他们不约而同地认为，现行刑事诉讼法存在的众多弊端，只有通过确立无罪推定才能最终得到解决。比如逮捕条件、免予起诉和开庭条件的设置明显在法院判决以前就已将被告人视为罪犯，因此有必要从立法上明确规定无罪推定；从程序构建中体现无罪推定，区分审前程序和审判程序，将被告人和罪犯区别开来，完善取保候审制度，废除免予起诉制度，明确法院独立享有定罪权；确定举证责任归属及举证失败之后果；突出庭审的中心地位，使无罪推定的适用进一步成为可能。[1]这些论述，在对现有立法不足反思和批判的基础上，以无罪推定为指导，对我国立法之完善给出了初步的建议。这些建议其实也是对我国如何实现无罪推定本土化提出的具体方案。我们可以看到，实现无罪推定本土化主要围绕以下几个重点：首先是确立被告人的诉讼主体地位，并且赋予其相应的一系列诉讼权利；其次是构建体现无罪推定的诉讼程序，将重点从审前程序转移到审判程序，确立"法院中心主义"；最后是规范取证行为，明确

---

[1] 王策来：《关于无罪推定原则的立法思考》，《浙江省政法管理干部学院学报》1993年第3期；胡廷松：《论我国应明确规定无罪推定原则》，《云南大学学报》（法学版）1994年第4期；宋从文：《试论无罪推定与我国刑事诉讼原则的变更》，《法律适用》1995年第5期。

举证责任。这些都是无罪推定内涵的核心部分，一旦得到确立，便能够在刑事诉讼场域实现对国家权力的约束，形成一种全新的运作模式。

四、我国立法中关于无罪推定的内容

1996年刑事诉讼法的修改可以说是无罪推定在我国确立的里程碑，值得大书特书一笔。学界关于无罪推定的理论研究对立法产生了一定程度的影响，批判地确立该原则的观点被立法所确认，可是立法对无罪推定的态度始终暧昧不清，这反过来又进一步激发学界深入思考，但是这次学者的观点出现了明显的分歧。

部分学者认为，此次修改从国情出发，在立法上明确排除有罪推定论，围绕无罪推定的指导思想对我国刑事诉讼程序做出重要调整与完善，①确立了符合我国国情，具有中国特色的无罪推定。他们从指导思想、文字提法、内容涵盖、具体权利、程序规则等方面对我国的无罪推定进行论述，以区别于资产阶级国家的无罪推定。其中最典型的有我国的无罪推定不是"任何人在被判决有罪前应当被推定为无罪"，而是"法院判决前任何人不得被确定为有罪"，后者的表述更加能够体现实事求是的唯物辩证观点；"无罪推定"容易有错误的引导，我国选择的是"罪从判定"；"犯罪嫌疑人、被告人如实回答的义

---

① 邓祥瑞：《我国刑事诉讼法无罪推定原则的确立》，《中国律师》1996年第5期；张树军：《论无罪推定原则及其在我国刑事诉讼中的适用》，《前沿》1996年第4期。

务"与无罪推定并不矛盾；等等。①从肯定论者的观点来看，他们对无罪推定在我国的确立持乐观态度，但是在笔者看来，这更多的是一种妥协。这部分肯定论者心中很清楚，虽然在学界已经初步达成在立法中确立无罪推定的共识，但是从理论到制度的转变绝非短期能够实现的。因此，他们对此次修改所做的调整和完善很宽容，并且认为能够做到如此，对于这个阶段的中国而言已经很不容易了。

否定论者相对肯定论者，在这一问题上显得更加清醒也更加中肯。他们指出，不能为了获得内心的一种自我满足而轻易断言无罪推定在立法中的确立，从此次修改来看，我国立法对无罪推定显然还有很多顾虑和保留。虽然相较于1979年刑事诉讼法，1996年刑事诉讼法在诉讼证明领域、诉讼程序构建和被告人权利保护三个层面进行了重大修改，改变了以往的"职权主义诉讼模式"，力求转变为"当事人主义诉讼模式"，但是还有许多规定与无罪推定的价值追求背离，比如否定被告人沉默权、法院定罪权受侵犯、非法证据未被排除、存疑不诉和疑罪从无缺乏效力等。可以看到，立法一方面吸收了无罪推定的基本精神，另一方面在具体制度设置和程序构建方面又显得十分犹豫和保守；一方面想约束国家权力在刑事诉讼中的运作，另一方面又担心过分约束国家权力会不利于国家惩罚犯罪

---

① 王俊民：《"罪从判定"与"无罪推定"——评刑诉法修改增设"罪从判定"的原则》，《法学》1996年第5期；吕中亚：《新刑诉法建构起适合国情的"无罪推定"原则》，《法学》1996年第6期；周继祥：《谈未经依法判决不得定罪原则》，《法学杂志》1997年第2期；李海安：《〈刑事诉讼法〉第十二条研究——兼与无罪推定原则之比较》，《律师世界》1997年第3期。

这一重要目标的实现。这种矛盾的思想在此次修改中表现明显，直接导致了修改后的刑事诉讼法在无罪推定的配套制度的设置上存在诸多问题。①

在1996年刑事诉讼法修改前后学界关于无罪推定的第三次论争基本上遵循以下路线进行：为无罪推定性质之争画上句号—对无罪推定适用于我国达成共识—在此基础上探讨无罪推定的本土化—在立法修改后探讨我国是否已经确立无罪推定。我们可以看到，立法中的重大举动势必引发学界深入探讨，而学界的种种观点反过来又为立法提供参考和借鉴。从学界的这次论争中，我们看到学者就无罪推定在我国的确立第一次达成了共识，并且已经从刑事诉讼领域上升到国家权力和公民权利关系领域，对无罪推定的内涵已经开始从人权保障的角度进行论证。正如我国大多数学者所持的观点：对任何发达的民主政体来说，确认无罪推定都是一个不可回避的选择，它不只是说明被告人在刑事诉讼中的地位，也是公民一般法律地位的构成要素，其作用应扩大到社会关系的所有领域。是否肯定无罪推定，首先是对进入刑事诉讼程序的公民的地位和权利如何看待的问题，一个社会对无罪推定的认可与贯彻与否，是判断其文明程度的一项指数；当任何公民被指控为被告人，对其有罪推定还是无罪推定就透视出两种对立的价值观，冲突的焦点就在于对人权的截然相反的答案。在积极进行经济体制和政治体制

---

① 卢永红：《无罪推定原则之立法探讨》，《甘肃政法学院学报》1997年第2期；杨明：《论我国刑事诉讼法对无罪推定原则的贯彻与背离》，《法学》1998年第1期；王志毅：《我国刑诉法确立了无罪推定原则吗?》，《法学天地》1998年第3期；卢勤忠：《试探无罪推定在中国的确立和贯彻问题》，《法学》1998年第10期。

改革的今天，公民作为社会的主人发挥着越来越重要的作用，我们没有理由对充分有效保护公民基本权利的无罪推定持怀疑甚至否定态度，它无疑应当成为我国诉讼法的一项原则，而且应该载入宪法，"作为切实保障我国公民基本权利和人身自由的重要前提条件"。[1]同时，学者对无罪推定也从单纯的学术理论探讨转向了体现其基本内涵的一系列制度设置和程序构建层面。他们已经意识到，抽象的无罪推定即便在立法中得到确立也没有太大的意义，重要的是将无罪推定之基本精神作为刑事诉讼法的指导思想贯穿程序始终，从根本上改变国家权力在刑事诉讼中的运作模式，改变国家对待犯罪嫌疑人和被告人的方式，进而为刑罚权运作的合法性提供理论支持。学者在这一思路的指引下，虽然在具体观点上有分歧，但是在对刑事诉讼中的国家权力必须予以约束、对被追诉人必须予以保护这些方面却是一致的。从这个趋势来看，学界探讨的焦点最终会再次转移到我国应当如何落实无罪推定上。

第四节　无罪推定的权利化

进入21世纪，人权理论在中国获得大丰收，这一时期可

---

[1] 郑成良：《无罪推定论》，《吉林大学社会科学学报》1988年第4期；龙宗智：《对"无罪推定"的新思维》，《现代法学》1989年第2期；李静冰：《将无罪推定原则载入我国宪法》，《法学》1989年第2期。

以称之为人权意识"弘扬和保障"时期,尤其是2004年宪法修正案,正式确立了"人权"概念,明确"国家尊重和保障人权"。人权入宪标志着"以人为本"人权观的初步树立。国家权力合法性基础的调整也随之进入新的阶段,随着"和谐社会"理念的提出,"民主法治"作为其首要特征获得确立,预示着"民授合法性基础"的确立又向前迈了一大步。在这样的大环境下,刑事诉讼法迎来了第二次修改,围绕立法修改引发了学界关于无罪推定的第四次论争,这一时期可称之为无罪推定的"确定与推进期"。

一、21世纪无罪推定思潮激荡之背景

进入21世纪,"人权"一词早已经为中国人民所熟悉,中国政府对人权内涵的诠释,对公民人权状况的改善措施也与时俱进。如何在我国法律体系中确立人权的地位并使其成为我国法制建设的主题,以最大限度地尊重和保障人权是我国所面临的长期而艰巨的任务。公民人权意识的不断觉醒对国家权力的运作模式产生了深远的影响,推动着我国民主法治建设的进程,促使国家权力合法性基础的调整不断向"民授合法性基础"迈进。

(一)人权入宪

时至今日,人权已经成为世界性的语言,拥有不同文化的国家和民族都在用人权捍卫自身的利益。随着人权理论的发

展,人权的内涵也在不断丰富。人权已经成为法治的真谛,成为国家权力运作的核心主题。中国积极参与国际人权活动,在其中发出自己的声音,让世界真正了解中国的人权状况,也让中国人民真正了解中国政府是如何构建人权保障体系的。

1991年11月1日国务院新闻办公室发表的第一部《中国的人权状况》白皮书指出:"享有充分的人权,是长期以来人类追求的理想。从第一次提出'人权'这个伟大的名词后,多少世纪以来,各国人民为争取人权作出了不懈的努力,取得了重大的成果。但是,就世界范围来说,现代社会还远没有能使人们达到享有充分的人权这一崇高的目标。""生存权是中国人民长期争取的首要人权。"

2004年3月14日,"国家尊重和保障人权"写入宪法,这是我国人权发展史上的一个里程碑,不仅标志着人权理论新的发展阶段的到来,也表明中国当代人权法治化的大幕已经徐徐拉开,人权的制度化时代已经来临。正如徐显明所言:"'人权'入宪,意味着人权精神和人权原则具有最高的法律地位,尊重人权和保障人权明确地成为国家的责任、国家的义务。"[1]他认为,这一提法虽然是概括性的,但是却从5个方面修正了先前的人权观念。一是人权主体观的根本变化。改变了过去认为只有"公民"才享有"人权"的"阶级论"人权观,明确提出人人都平等地享有人权,宪法保护的主体指向所有的人,在人的基本权利和人格尊严上,每一个人都是平等的。二是人权

---

[1] 徐显明:《世界人权的发展与中国人权的进步——关于人权法律史的理论思考》,《中共中央党校学报》2008年第2期。

体系的设定变化。由于宪法不能将人权所有的内容一一穷尽，因此应当确保人权体系的开放性，使在今后不断丰富和发展的过程中出现的新的人权内容时得以被及时纳入人权体系之中。三是人权标准的衔接变化。变"国内标准"为"国际标准"。除了我国声明保留的，一般来说，国际人权标准也就是我国的人权标准。人权标准的国际化更有利于我国在国际交流中就人权问题发出自己的声音。四是执政理念方面的人权理解变化。把"为了最广大人民的根本利益"表述成"为了全体人民的各项权利"。这其实是与人权主体观的根本变化相呼应的。既然享有人权的主体范围扩大了，那么政府执政的目标自然也应当随之改变。五是司法理念方面的人权理解变化。人权条款入宪意味着，即使法律没有规定和明示的权利，只要能够证明它具有法义，司法机关也要给予保护。此外，依据宪法第33条第2款，用14个条文增设了5种人权制度，包括经济权利平等制度、私有财产制度、社会保障制度、紧急状态制度和公益补偿制度。①这些制度从不同的角度初步形成了我国的人权保障体系，深化了法律面前人人平等的观念，并在此基础上树立了"和谐平等"的人权观。

　　人权入宪开启了我国人权保障的新时代，无论是政府还是公民，都已经深刻地感受到了人权观念在今后国家发展和个人发展中所扮演的重要角色。它的影响已经渗透到公民日常生活的方方面面，推动着公民不断追求个性解放，提升个体价值，

---

① 徐显明：《世界人权的发展与中国人权的进步——关于人权法律史的理论思考》，《中共中央党校学报》2008年第2期。

实现个体尊严，同时也使公民更关注国家权力运作的合法性，进一步推动国家权力合法性基础向"民授合法性基础"发展。

(二)向"民授合法性基础"继续迈进

20世纪90年代，国家权力合法性危机在政府积极调整合法性基础的努力下最终得以解决，自此国家权力合法性建立在以发展经济和社会公平等为核心的"新政绩合法性基础"上。然而"政绩合法性基础"无论如何拓展其内涵，都无法改变自身固有的缺陷，将国家权力合法性建立在充满偶然性和不确定性的"政绩"之上，即便能够解决权力合法性危机，也不过是权宜之计。党领导下的中国政府十分清楚，只有"民授合法性基础"才是国家权力合法性的最终来源。因此，我国政府在重建"政绩合法性基础"的同时，也为国家权力合法性基础今后的发展紧锣密鼓地准备着，国家权力运作模式之改变初见端倪。

1."依法治国"的提出

以党的十五大召开为标志，中国从"法制建设"阶段进入了"依法治国"阶段。江泽民在党的十五大报告中指出："发展民主必须同健全法制紧密结合，实行依法治国。依法治国，就是广大人民群众在党的领导下，依照宪法和法律规定，通过各种途径和形式管理国家事务，管理经济文化事业，管理社会事务，保证国家各项工作都依法进行，逐步实现社会主义民主的制度化、法律化，使这种制度和法律不因领导人的改变而改变，不因领导人看法和注意力的改变而改变。依法治国，是党领导人民治理国家的基本方略，是发展社会主义市场经济的客观需要，是社会文明进步的重要标志，是国家长治久安的重要保障。党领导人民制定宪法和法律，并在宪法和法律范围内活动。"毫无疑问，"依法治国"的提出是一个历史性的进步，从报告中对它的诠释来看，"依法治国"是国家权力自我克制和谦抑的宣言。

首先，它明确了宪法和法律在国家中至高无上的地位，不能因人废法、因言废法，必须保持法律的稳定性和连续性。宪法和法律的制定必须遵守法定的程序，任何个人意志不经过法律程序都不能成为治国准则。其次，它要求法律面前人人平等，无论是普通公民还是领导人，无论是一般社会团体还是国家机关，在法律面前一律平等，都要受到法律的规范，都要服从法律。"依法治国"的关键在于"依法治权""依法治官"，如果仅仅把法治的对象局限在没有任何资源的大众阶层，那么根本无法对国家权力有所约束。从以上两点来看，"依法治国"的提出在很大程度上改变了国家权力的运作模式，党领导人民，都必须在宪法和法律范围内活动。"依法治国"的提出是国家权力合法性基础朝着民主法治基础迈进的显著标志。

2. 党内民主的发展

党的十六大报告指出："党内民主是党的生命，对人民民主具有重要的示范和带动作用。"党的十七大报告强调："积极推进党内民主建设，着力增强党的团结统一。党内民主是增强党的创新活力、巩固党的团结统一的重要保证。要以扩大党内民主带动人民民主，以增进党内和谐促进社会和谐。尊重党员主体地位，保障党员民主权利，推进党务公开，营造党内民主讨论环境。完善党的代表大会制度，实行党的代表大会代表任期制，选择一些县（市、区）试行党代表大会常任制。"这就基本确定了我国在政治领域推行民主化的路径，先是实现和发展党内民主，再以党内民主为基础带动人民民主的实现，从而全面推进社会民主。

3. 社会主义和谐社会的构建

随着社会主义"和谐社会"理念的提出，我国明确将"民主法治"作为今后国家权力合法性基础的发展目标。原本被放逐于遥远未来、隐晦不明的"美好希望"，如今正逐渐成为现实。2004年9月19日，党的十六届四中全会上正式提出了"构建社会主义和谐社会"。2005年以来，党提出将"和谐社会"作为执政的战略任务，"和谐"理念要成为建设中国特色社会主义过程中的价值取向。"民主法治、公平正义、诚信友爱、充满活力、安定有序、人与自然和谐相处"是社会主义和谐社会的主要内容，"民主法治"被置于首位，其重要性显而易见。在2006年10月11日党的十六届六中全会审议通过的《中共中央关于构建社会主义和谐社会若干重大问题的决定》中全面深刻地阐明了中国特色社会主义和谐社会的性质和定位、指导思想、目标任务、工作原则和重大部署。2007年10月，党的十七大再次强调了构建社会主义和谐社会的重要性，并对以改善民生为重点的社会建设做了全面部署。社会主义和谐社会的构建是一项宏大的系统工程，涵盖我国社会各个领域。

历史的车轮滚滚向前。时至今日，无罪推定在我国确立所必需的两大理论基础已经初步具备，但是在人权保障和司法实践方面依然任重道远。虽然国家权力合法性基础一直向着"民授合法性基础"努力,但是"民授合法性基础"的确立意味着对国家权力来源理论和运作模式进行极大的调整,进而会引发一系列连锁反应,最后势必需要通过宪法予以确立。就目前所处的阶段来看,我国并未完全确立"民授合法性基础",若要实现国家权力合法性基础的彻底转变,还需要一段很长的时间,这对无罪推定在我国的确立必定会产生负面影响,但是从学术探讨的角度来看,学者享有的自由权利已经今非昔比。这一时期关于无罪推定的学术探讨达到了一个新的高度,学者开始从过去的盲目乐观中逐渐清醒,以更加理性的眼光审视无罪推定在我国所遭遇的困境及背后的深层原因。这一时期,刑事诉讼法面临第二次修改,受人权入宪这一重大立法活动的影响,学者不约而同地将无罪推定与刑事诉讼中的人权保障相结合,将探讨的焦点转移至无罪推定权利化上。

二、对司法实践中无罪推定所遇困境之反思

虽然1996年刑事诉讼法的修改并未如学者所愿,明确规定无罪推定,但是与之前相比,确实进步了不少。无罪推定在诉讼证明领域和被告人权利保障方面对国家权力运作进行约束的基本精神在立法中得到了一定程度的体现,而且立法在程序构建上也力求突出法院的中心地位,确立"法院中心主义",而这也是无罪推定的应有之义。从学者对修改后的刑事诉讼法的反应来看,当时不少学者对立法在无罪推定方面的规定是持

肯定态度的,甚至有乐观者还认为我国已经确立了无罪推定,只是在具体表述上有所区别而已。但是随着司法实践,修改后的刑事诉讼法的缺陷一一显露,让学者深刻地意识到理论话语体系与诉讼实践体系之间的断裂。他们开始反思:为什么无罪推定在司法实践中会遭遇这样的困境?为什么立法对无罪推定的确立没有对司法实践产生足够的影响?这些反思成为学界关于无罪推定的探讨的新主题。可以说,这一阶段的探讨不是论争,更多的是反思。学者的反思主要从以下三个方面展开:一是对司法实践中刑事冤案产生的深层原因进行分析,在此基础上对无罪推定在立法上的缺陷以及公、检、法三机关工作人员无罪推定观念的缺失进行揭露,强烈呼吁贯彻该原则;二是对立法修改中对无罪推定模糊不清的态度,以及立法技术上的不足进行了更加深入的批评,结合司法实践对立法的进一步完善提出了要求;三是立足于司法实践中暴露的种种问题,转而在理论上对无罪推定之内涵更加科学、理性地进行分析和诠释。学界对无罪推定的认识从刑事诉讼基本原则的层面上升至公民基本权利的高度,实现了对无罪推定权利化认识的统一,取得了空前的成果。

媒体曝光的众多冤案让整个社会感到万分震惊,人们开始对司法实践中存在的问题进行反思。这种反思不仅局限在学界,而是涉及社会各个领域,包括司法实务界。

首先,从官方媒体发表的文章中可以看到这种反思的趋势。2001年10月10日,《人民日报》发表了《无罪推定——我们做得远不够》一文,在对杜培武案和其他时有耳闻的刑讯逼供、屈打成招的案件进行列举和分析之后,提出在司法实践中远远未能贯彻无罪推定。认为无罪推定的意义在于防止过早地和无根据地把任何人看作罪犯,不允许根据未经充分检验的材料和违反证明程序取得的信息认定一个人犯有罪行,是司法文明的重要标志,体现着法律的人道主义精神,我们的法制环境应该自觉接受它,遵守它。[①]2005年10月24日,《检察日报》发表《为什么无罪推定应当被严格遵守》,强调无罪推定是没有预设前提的刑事法治原则,公民无罪是绝对不容置疑的,其所蕴含的重大价值是,公民究竟是否无罪不重要,重要的是假设任何人在何时何地的任何行为都以无罪为出发点,没有例外。[②]从这些文章中可以看到,人们已经将实践中冤案的产生与未能贯彻无罪推定的司法现状联系起来。无罪推定不应当是高高在上的"金字招牌",而应当作为一种理念,贯串刑事诉讼的每一个环节,浸润到公安司法人员的观念之中,成为其自觉行为的一部分。唯有如此,无罪推定约束国家权力、保障公民权利的价值才能真正得到体现。

其次,越来越多的论者揭示,这些曝光的冤案有着极为相似的产生过程。如果能够坚持无罪推定,杜绝刑讯逼供、超期羁押,公安人员在收集证据时能够更加中立、更加仔细,不放过任何蛛丝马迹,司法人员能够更加中立,坚持疑罪从无,那么这些冤案可能都不会发生。随着研究的不断深入,学者已经

---

① 施木:《无罪推定——我们做得远不够》,《人民日报》2001年10月10日,第10版。
② 王新环:《为什么无罪推定应当被严格遵守》,《检察日报》2005年10月24日,第3版。

不满足于这种笼统的研究论调,他们迫切希望找到冤案背后的真正原因。换言之,找到导致无罪推定在司法实践中无法得到贯彻的原因。这种思考路径正体现了实践对理论探讨的影响。从学者对无罪推定在司法实践中遭遇的困境的研究呈现出多种观点、多个角度的趋势可知,无罪推定观念的树立以及无罪推定在司法实践中的贯彻,需要具备足够的条件,需要司法制度做出一系列相应的调整,否则即便在立法中规定,也只能是空中楼阁,根本无法对司法实践产生影响。

无罪推定是法治型诉讼模式的基石,它的基本精神深深地融入法治型诉讼模式程序构建的每一个细节之中,看似抽象的无罪推定在法治型诉讼模式中得到了最完整的体现。因此,若要在司法实践中贯彻无罪推定,仅仅将其作为高高在上的基本原则予以规定没有任何意义,需要通过一系列具体的制度设置和程序构建。无罪推定在司法实践中的贯彻意味着一场从立法到执法、司法,从外在形式到内在观念的法律变革的开始,也意味着法治型诉讼模式基本形成。[1]

三、对立法中无罪推定所遭抵触之反思

在探寻遏制司法实践中的冤案产生的路径过程中,学者对

---

[1] 吴瑞珊:《呼唤立法推进"无罪推定"》,《人民政坛》2005年第7期;杨帆:《佘祥林冤案:我们离无罪推定还有多远》,《行政与法》2005年第10期;王秀萍:《无罪推定——中国司法的缺失》,《山西高等学校社会科学学报》2006年第7期;舒胜祥:《反思赵作海案不能止于个案》,《广州日报》2010年5月16日,第6版;《张立勇:要切实贯彻"无罪推定"和"疑罪从无"》,《中国审判》2011年第62期;等等。

无罪推定的内涵有了更加深入的诠释。无罪推定实质上是一种理念，它促使公安司法人员极力克制自己的有罪推定倾向，尽可能客观理性地思考和分析案件，在追诉犯罪的同时充分尊重公民的权利。只有在司法实践中树立这一理念，才能确保无罪推定得到贯彻。那么，如何才能在实践中树立无罪推定的理念呢？学者最终还是将希望寄托于立法修改上，这也在一定程度上推动了刑事诉讼法的第二次修改。无罪推定是刑事诉讼的一项基本原则，它不应当沦为抽象和宣示性的规定，而应当通过立法将其转变为具体的一系列制度和程序规定。公安司法人员在司法实践中必须遵守这些程序规定，只要他们没有违反法定程序，便可以认定无罪推定在实践中得到了贯彻。因此，几经周折，又再次回到立法修改的轨道上，学者对立法确立无罪推定的有限性进行了尖锐的批评。比如，我国确立的只是法院统一定罪原则，当时的立法修改只是为了取消检察机关的免予起诉权，确立法院统一定罪量刑的权力，并未明确表明在中国确立无罪推定，立法机关始终未正式认同该原则，只是将犯罪嫌疑人、被告人的诉讼地位置于不确定的中间状态，而不是承认他们本身原始的无罪状态，没有体现出无罪推定的精神，且并未确立不受强迫自证其罪、非法证据排除、禁止重复追诉等。因此，迄今为止，我国确立的充其量是有保留的、相对的、不完整的而非根本意义上的无罪推定。

学者在批评立法缺陷的同时，针对性地提出了各种修改建议，其中的焦点是诉讼证明制度与侦查阶段相关制度和程序的修改，如非法证据排除规则的完善、证人制度的完善、证明标准的进一步明确和细化等等。学者将诉讼证明制度作为刑事诉讼法修改的焦点,很大程度上是对冤案产生过程反思的结果。很多学者在探讨冤案成因的过程中将关注点放到了诉讼证明制度和侦查模式上。他们认为我国始终固守着传统的侦查模式,这种模式便是在有罪推定的基础上,围绕如何获取犯罪嫌疑人的口供而形成的一种侦查方式,对口供十分依赖,缺乏收集和分析其他类型证据的技术支持。这种传统的侦查模式粗暴单一,为了获得口供不择手段,经常使用限制或剥夺犯罪嫌疑人人身自由的强制措施,如逮捕、拘留等,这样使犯罪嫌疑人完全处于侦查机关的控制之下;为刑讯逼供提供了极大的"便利"。此外,这种模式还需要诉讼证明制度予以配合,比如非法获得的证据都能够成为定案依据,虽然有口供补强的要求,但是却没有对补强证据的规定等。很遗憾,立法的缺陷反过来保护并推动了这种传统的侦查模式。正是这种传统的侦查模式,"造就"了一个又一个大同小异的刑事冤案。因此,改变侦查模式成为学者对立法修改的最大期望。这种期望具体化为通过立法赋予被追诉人相应的一系列权利:沉默权;不被强迫自证其罪特权;取保候审权利化;犯罪嫌疑人、被告人不受任意逮捕或拘禁的权利;获得律师帮助权和律师的辩护权获得有效保障;申请非法证据排除权;等等。[1] 学者的这些对立法的

---

[1] 徐前权、刘冬京:《我国尚未确立无罪推定原则——对我国刑诉法第12条之理解》,《南昌职业技术师范学院学报》2001年第2期;牛广轩:《透析无罪推定在我国的运用》,《云南公安高等专科学校学报》2002年第3期;杜波:《论有保留的无罪推定原则》,《北京行政学院学报》2003年第6期;王其生、徐兰英:《试论无罪推定原则——对〈刑事诉讼法〉第12条规定的审视》,《中共山西省直机关党校学报》2008年第5期;等等。

修改建议表面上看似乎涉及很广，但实际上只有一个目的，那就是改变传统的侦查模式，通过将无罪推定具体化为犯罪嫌疑人、被告人在侦查阶段的种种权利从而确保无罪推定的确立。

四、无罪推定权利化的推进

无罪推定在司法实践中遭遇的困境让学者深刻地感受到了理论研究与司法实践之间的差距，感受到了学术研究的"自言自语"、立法活动的犹豫不决以及司法实践的"阳奉阴违"。这些问题同时也为学术研究提供了新的视角，学者需要努力为无罪推定在我国确立过程中所遭遇的困境寻求解决之道。这种努力主要表现在两个方面：一方面努力推动立法修改，积极关注司法实践中存在的问题；另一方面对无罪推定的内涵进行扩展，论证它的价值和作用，以求为立法和司法实践提供支持，进而确保无罪推定在我国得以确立。在论证过程中，越来越多的学者提出应当加快实现无罪推定权利化。一部分学者认为应当将无罪推定作为公民一项基本人权上升到宪法的高度，这也正是宪法司法化的必然趋势；另外一部分学者则主张循序渐进，先在刑事诉讼法中实现无罪推定权利化，将无罪推定作为一项重要的诉讼权利予以明确，再以此为基础形成一整套相关的诉讼权利体系，全面保障无罪推定在诉讼中确立。无论是哪种主张，都体现了一个共同的趋势，那就是无罪推定权利化的推进。无罪推定不仅是一项刑事司法基本原则，它更应当被视为公民的一项重要基本权利，通过立法获得确立。

在对无罪推定权利化的论证过程中，学者的视野更加开阔，不仅从实践的价值和必要性的角度展开理论研究，更多的学者从无罪推定原理的角度为其权利化寻求支持。学者从无罪推定的历史发展和如今在世界各国的地位进行考证，揭示出该原则已经成为现代国家公认的刑事司法基本原则，在现代刑事诉讼程序中占据了不可动摇的地位，以它为理论依据形成了一系列制度和程序。虽然有的国家在立法中明确规定了这一原则，有的国家的法律中找不到明确的规定，但是无罪推定的基本精神已经渗透到现代国家刑事司法的每一个环节，并成为判断一国民主法治程度的重要指标之一。还有论者提出，对无罪推定的理解和适用不应当仅仅局限在刑事司法领域，它应当被作为一项关于正义的命题来对待，它体现出来的国家权力对待公民权利所应当采取的方式，为我们提供了把握刑罚权合法化的宝贵路径。因此，"应从政治、经济、社会等多维角度出发阐释其深厚的哲学基础、价值底蕴及在当代中国的意义和使命；随着人类社会民主、人权、法治的发展，无罪推定的内涵在不断拓展，无罪推定原则为我们提供了把握国家权力与公民权利的结构性关系的宝贵路径……无罪推定的立法化和宪法化不仅与实事求是不矛盾，与构建和谐社会相符合，且体现人本精神和科学发展观，该原则的进一步完善已成为当代中国法治现代化的时代课题。"[①]

从21世纪学界对无罪推定的探讨，可以清晰地看到司法

[①] 谢进杰：《如何对待嫌疑人与被告人——建国以来围绕"无罪推定"的讨论》，《中山大学学报》（社会科学版）2012年第4期。

实践对理论研究的影响，司法实践中大量刑事冤案的产生促使学者开始进一步思考无罪推定在我国得以确立的解决之道。从学者的反思中我们可以捕捉到诸多亮点，汇合起来照亮了无罪推定在我国今后的发展之路。至此，无罪推定在我国的确立，理论研究层面的推进已经取得了令人赞叹的成果，在较大范围内达成了应当尽快实现无罪推定权利化这一共识，理论研究对于立法和司法实践的影响是十分深远的。正是基于一代又一代学者的努力和付出，无罪推定才能从20世纪50年代人人喊打的"资产阶级的毒草"一步步成为今天人们公认的刑事诉讼基本原则，它蕴含的约束国家权力、保障公民权利的基本精神已经为人们认可和推崇，对于无罪推定应当如何在立法和司法实践中予以体现也已经明确了基本的方向。但是学术成果必须转化为立法和司法实践的理论指导和依据，才能发挥更大的作用。然而从无罪推定在我国立法层面的推进及司法实践层面的贯彻来看，学术、立法和实践三个层面脱节十分严重，成为无罪推定在我国确立面临的最大困境。

第四章　无罪推定在我国立法中的确立与推进

　　学界围绕无罪推定的论争使无罪推定对我国刑罚权合法化路径的价值和意义愈发明晰。学术研究的不断深入，势必对立法活动产生重大影响，学界围绕无罪推定的几次论争，基本上都伴随着刑事诉讼法的立法活动。如何通过立法推动无罪推定在我国确立也一直是学界探讨的核心问题。无罪推定在我国立法中推进的每一步，都与学术研究的刺激和推动密不可分。我国第一部刑事诉讼法诞生于1979年，至今经历了三次重大立法修改活动，它们记录着我国刑罚权合法化路径从政策实施型诉讼模式向法治型诉讼模式转变的每一个细节。我国刑罚权合法化路径转变的过程其实也是无罪推定在我国立法中缓慢推进的过程。随着我国"以人为本"人权观的树立及以民主和法治为核心特征的"民授合法性基础"的确立，法治型诉讼模式成为我国刑罚权合法化运作的不二选择。作为法治型诉讼模式基石的无罪推定也随着刑罚权合法化路径的转变逐渐渗透到立法中，通过制度设置和程序构建实现具体化。虽然前景明朗，但是脚下的道路依然充满艰辛。从我国刑事诉讼法的立法中，虽然能够看到无罪推定的光芒，但是也同样看到了立法者对无罪推定犹豫不决的态度、立法表述上的含混不清、相关制度设置和程序构建的缺失，以及司法实践中新挑战的出现。我国刑事诉讼法立法中存在的问题同时也是无罪推定在我国立法中确立与推进必须克服的困难。

第一节 1979年刑事诉讼法：无罪推定萌芽

1979年刑事诉讼法颁布时正是我国法制建设全面恢复之时，这部法律和刑法的先后颁布表明了国家重整刑罚权运作模式的决心。然而1979年刑事诉讼法制定和颁布之时，我国人权意识还处于"觉醒和徘徊"时期，国家权力合法性基础正经历从"意识形态合法性基础"向"政绩合法性基础"转变的过程，离无罪推定确立所必需的两大理论基础还有很大差距，因此该法确立了政策实施型诉讼模式作为刑罚权合法化路径。无罪推定未能成为这一路径设计的主导。即便如此，在新中国第一部刑事诉讼法中依然可以辨认出无罪推定的几点闪光。但是在政策实施型诉讼模式中，有罪推定之残余无法清除，甚至还一直对我国刑事司法产生种种负面影响，对无罪推定之确立委实是一大阻碍。

一、政策实施型诉讼模式的确立

从1979年刑事诉讼法的程序构建来看，我国选择了行政化程度最高的政策实施型诉讼模式。"政策实施型诉讼模式"这一概念来源于美国学者达玛什卡,他在《司法和国家权力的多种面孔——比较视野中的法律程序》中对我国的诉讼模式做出了界定。他认为我国当时所推行的刑事诉讼机制是政策实施型诉讼模式中非常极端的一种。在这种诉讼模式之下,所有参与其中的国家权力代行者都被看成是"一个机体中的不同部分",他们构成一个单一部门领导下的统一官僚系统。在这里,人民公安作为纯正的行政人员成为一体化的政法系统中最重要的部门,而法院和检察院则充当陪衬式的、无关紧要的配角。对程序活动的妥当性的控制"主要是靠科层组织中的上级监督来保障的,而不是依靠参与刑事诉讼过程的个人之间的相互问难和挑战"。在这种威权主义环境中,刑事司法程序转化为镇压犯罪和改造罪犯的纯粹行政事业。影响和改造被告的努力早在任何有罪宣告做出之前就已经展开。律师完全被排除在外。因此,他们的活动所能带来的最微弱的不同声音也无从听到。审判成为一种象征性的仪式。[①]

在司法实践中,政策实施型诉讼模式在约束国家权力和保障公民权利方面存在一定的局限性,刑罚权的合法性支持不如其他诉讼模式充分。但是,这一模式是适应中国当时的社会发展阶段和国家权力合法性基础的。在这种环境下,只要"政绩合法性基础"能够有效地支持国家权力的合法性,且公民对当前的人权保障状况感到满意,政府便不会急于对现有权力进行

---

① [美]米尔伊安·R.达玛什卡:《司法和国家权力的多种面孔——比较视野中的法律程序》,郑戈译,中国政法大学出版社2004年版,第295—296页。

更多的限制。虽然政策实施型诉讼模式对国家权力有所约束，对保障公民权利也有一定的作用，但是它与无罪推定的价值追求不符，因此在1979年刑事诉讼法中依然难以看到无罪推定的"身影"，纵然有个别闪光点也难以形成燎原之势。

二、诉讼证明领域中无罪推定的闪光

刑事诉讼的一大目的便在于发现案件事实。查明案件事实是国家刑罚权得以正确实施的前提，因此，为了维持社会秩序，国家在查明案件事实的过程中往往不惜动用各种资源。但是在刑事诉讼中，国家在调查案件的过程中必须接受程序的引导和规制，按照程序的设定进行调查取证。诉讼程序为国家调查案件设定了一系列要求，只有符合程序要求获得的案件事实，才能最终得到法院的认定。这既是诉讼证明活动的独特之处，也是无罪推定的重要体现。

我们欣喜地看到1979年刑事诉讼法第32条规定："审判人员、检察人员、侦查人员必须依照法定程序，收集能够证实被告人有罪或者无罪、犯罪情节轻重的各种证据。严禁刑讯逼供和以威胁、引诱、欺骗以及其他非法的方法收集证据。"以及第35条规定："对一切案件的判处都要重证据，重调查研究，不轻信口供。只有被告人供述，没有其他证据的，不能认定被告人有罪和处以刑罚；没有被告人供述，证据充分确实的，可以认定被告人有罪和处以刑罚。"已经显示出非法证据排除规则和补强证据规则两大重要证据规则的雏形。从这两个条文中可以看到，立法者希望通过规范证据的收集过程，尤其是改变司法过程中对口供的依赖，进而扭转我国刑事诉讼中的"口供中心主义"，这正是遏制有罪推定的关键所在。当时甚至有学者认为这两个条文隐晦地表达了立法者对沉默权的认可，进而体现了对无罪推定的肯定。这一观点显然缺乏支撑且过于乐观。但是必须承认，以上两个条文对公、检、法三机关人员采证行为的规范实质上是对国家权力的约束。按照以上两个条文的规定，公、检、法三机关人员不仅需要寻找证明被告人无罪、罪轻的证据，同时他们的采证行为，尤其是获取口供的行为还必须符合法定程序。不过，立法对于违反以上规定的采证行为可能招致的后果没有做出明确规定。

遗憾的是，1979年刑事诉讼法对举证责任归属没有做出明确规定，甚至连含糊的消极规定，比如举证责任不应当由被告人承担之类都没有。此外，立法对法院最终应当依据什么标准决定被告人是否构成犯罪也没有做出十分明确的规定，只是要求法院根据已经查明的事实、证据和有关的法律规定，做出被告人有罪或者无罪、犯的什么罪、适用什么刑罚或者免除刑罚的判决。对于存疑的案件应当怎么认定，立法根本没有涉及，更加没有采纳"存疑应当有利于被告人"这一原则。无罪推定在诉讼证明领域对国家权力的约束主要是通过举证责任、证明标准和疑罪从无三个方面予以体现的。显然，立法在这三个方面的缺失意味着立法在诉讼证明领域基本上没有吸收无罪推定的精华。换言之，在诉讼证明领域立法对国家刑罚权的限制很少，对发现案件事实的引导更少，从本质上违背了无罪推定在诉讼证明领域的价值追求。

三、保障被告人权利方面无罪推定的闪光

无罪推定在保障被告人权利方面最典型的体现便是对被告人诉讼主体地位的确认，以及由此形成了一揽子确保被告人主体地位的诉讼权利。其中，以辩护权为核心，为保障被告人辩护权的行使还形成了律师制度。因此，从立法对辩护制度的规定便可以判断被告人在诉讼中的地位。

依照1979年刑事诉讼法的规定，被告人及其辩护人享有以下权利：当事人和辩护人可以申请审判长对证人、鉴定人发问，或者请求审判长许可直接发问。法庭审理过程中，当事人和辩护人有权申请通知新的证人到庭，调取新的物证，申请重新鉴定或者勘验。法庭调查后，应当由公诉人发言，被害人发言，然后由被告人陈述和辩护，辩护人进行辩护，并且可以互相辩论。审判长在宣布辩论终结后，被告人有最后陈述的权利。此外，被告人是聋、哑或者未成年人而没有委托辩护人的，人民法院应当为他指定辩护人。以上权利包括辩方对证人的询问权、证据出示权、证据异议权，同时针对特定被告人还规定了获得法律援助的权利。最重要的是，在此次立法中赋予了被告人最后陈述的权利。最后陈述权意味着在法庭审判程序即将结束之时，给予被告人最后陈述的机会，让他在审判结果出来之前能够尽可能为自己辩护，这可以说是被告人辩护权最具体的体现。1979年刑事诉讼法虽然没有明确将被告人视为

诉讼的主体，但是从对其辩护权的规定来看，显然是希望扭转过去将被告人完全置于被动的客体地位的局面，这也与前文提及的非法证据排除规则和补强证据规则的规定相契合。立法对被告人辩护权利的规定看似完善，实质上缺少了最为重要的一环，那就是质证，即在法庭审理过程中对证人证言进一步提出质疑，让证人再做进一步的陈述，以解疑义的活动。质证权能使被告人充分了解对其不利之证据，从而有针对性地进行辩解，它的存在意味着任何证据在没有经过质证之前都不能作为定案的依据。质证权是被告人辩护权得以落实的关键，与其说是一项权利，不如说是被告人辩护权受到侵犯所可能导致的后果，只有明确规定这一后果才能确保前面各项规定得到落实。立法中质证权的缺失意味着被告人辩护权难以得到落实。

四、约束国家权力方面无罪推定的闪光

（一）审前强制措施的适用

立法对审前羁押程序的相关规定一直是无罪推定是否被确立和有效实施的重要判断标准。1979年刑事诉讼法对审前羁押做出了以下规定，第48条："公安机关对被拘留的人，认为需要逮捕的，应当在拘留后的三日以内，提请人民检察院审查批准。在特殊情况下，提请审查批准的时间可以延长一日至四日。人民检察院应当在接到公安机关提请批准逮捕书后的三日以内，作出批准逮捕或者不批准逮捕的决定。人民检察院不批准逮捕的，公安机关应当在接到通知后立即释放，发给释放证

明。"第92条："对被告人在侦查中的羁押期限不得超过二个月。案情复杂、期限届满不能终结的案件，可以经上一级人民检察院批准延长一个月。特别重大、复杂的案件，依照前款规定延长后仍不能终结的，由最高人民检察院报请全国人民代表大会常务委员会批准延期审理。"通过以上规定我们看到，虽然1979年刑事诉讼法尝试对审前羁押的期限做出较为明确的限制，但是最后依然开了一个口子，对于"由最高人民检察院报请全国人民代表大会常务委员会批准"的情况是可以延期审理的，对延期多久，法律则没有做出相应的限制。换言之，在案件正式进入审判程序之前，被追诉人很可能处于无限期的羁押状态，过着罪犯一样的生活。此外，1979年刑事诉讼法对审前阶段律师的介入基本持否定观点。在审前漫长的侦查阶段，甚至在被逮捕之后，被追诉人都没有权利聘请律师获得相应的法律帮助。即便介入案件之后，辩护律师的权利也十分有限，即"可以查阅本案材料，了解案情，可以同在押的被告人会见和通信"。

（二）被追诉人称谓混乱

从1979年刑事诉讼法第六章"强制措施"的相关条文中可以发现，"人犯"、"嫌疑分子"和"被告人"这三种称谓很混乱。称谓混乱不仅体现了被追诉人在诉讼中的地位不确定，更重要的是，凸显了在审前阶段立法者就已经将被追诉人与罪犯等同。第38条（"人民法院、人民检察院和公安机关根据案件情况，对被告人可以拘传、取保候审或者监视居住"）使用的是"被告人",第39条("逮捕人犯,必须经过人民检察院批准或者人民法院决定,由公安机关执行")和第40条("对主要犯罪事实已经查清,可能判处徒刑以上刑罚的人犯,采取取保候审、监视居住等方法,尚不足以防止发生社会危险性,而有逮捕必要的,应即依法逮捕。对应当逮捕的人犯,如果患有严重疾病,或者是正在怀孕、哺乳自己婴儿的妇女,可以采用取保候审或者监视居住的办法")则表述成了"人犯",这显然已经违背了无罪推定之基本精神,暗示人们只要被侦查机关逮捕的犯罪嫌疑人便可以被认定为犯人。而第41条("公安机关对于罪该逮捕的现行犯或者重大嫌疑分子,如果有下列情形之一的,可以先行拘留")又出现了"嫌疑分子"的称谓。同一章的几个条文中出现了三种不同的称谓,针对的都是处于侦查阶段的犯罪嫌疑人,由此不难推断出在立法者心中以上三种称谓并没有什么不同之处。换言之,将尚未经过法院审理定罪的被告人或犯罪嫌疑人称为"人犯"在立法者心中并没有什么不妥。此外,第40条规定了公安机关实施逮捕的条件:主要犯罪事实已经查清。相关评论对这一规定的解释是,它体现了刑事诉讼法要求公安机关必须经过充分的侦查,收集足够的证据证明主要犯罪事实。即便如此,这一解释依然无法掩饰对无罪推定基本精神的忽视甚至是否定,也从另一个角度让我们明白了为什么"人犯"这一称谓被公开地用在尚未被定罪的被告人或犯罪嫌疑人身上。

（三）"审前中心主义"和"侦查机关中心主义"

无罪推定在防止预断的程序构建方面最典型的体现便是"控审分离，审判独立"，将审前程序和审判程序进行分割，确保法院的独立审判权，如此才能有效防止审前程序所形成的对案件的看法影响审判程序，确保审判程序公平公正。从审判权和法律监督权的关系来看，审判权具有根本性的地位，公、检、法三机关所涉及的职能都是司法职能的一种补充。从当代法治国家来看，审判权在司法制度中也具有独特的地位。普通法系国家的司法权仅指审判权，而大陆法系国家也承认审判权是司法权的核心。对审判权的重要性以及法院审判职能之独立早在20世纪50年代的无罪推定之争中便被学者提及，因此"法院中心主义"和"审判中心主义"应当是无罪推定应有之义，然而在1979年刑事诉讼法中却是"审前中心主义"和"侦查机关中心主义"的程序构建。

1979年刑事诉讼法在"基本原则"部分规定了公、检、法三机关在刑事诉讼中的职能和地位。从彭真1979年在两个场合的讲话中可以看出，公、检、法三机关已经不像20世纪50年代那样是被政府牢牢掌握在手中一致对外的"工具"，它们之间已经出现了权力之争："我们不要讲是公安机关大，还是检察机关大，还是法院大，不要去比谁的权大。"[①]"不要讲你大还是我大，你重要还是我重要，而是谁的意见对就尊重谁

---

① 《在全国公安局长会议上的讲话》（一九七九年九月十六日），彭真：《论新中国的政法工作》，中央文献出版社1992年版，第187页。

的意见。"[①]这其实是个好现象，意味着国家权力高度集中的局面已经被打破，三机关都渴望通过争取权力来奠定自己的地位。同时，也可以看到法院正试图成为诉讼的核心。但是这只是一种趋势，在具体法条中并没有形成"审判中心主义"，且原本应当由法院独立行使的审判权还被检察机关分割。检察机关的免予起诉权使它主导着审前程序的最后一环，决定着哪些案件能够进入审判程序，哪些不行。换言之，检察机关在整个刑事诉讼中起到一个重要的案件分流作用。

世界其他国家在赋予检察院起诉权的同时都竭力确保法院审判权的独立和不受侵犯，只有法院有最终的定罪权，但是我国1979年刑事诉讼法关于免予起诉的规定，却明文赋予检察院在法院审判前便通过不起诉的方式认定某人无罪的权力，这显然与无罪推定不符。

基于以上论述，我们可以看到无罪推定所蕴含的对被追诉人主体地位的保障，尤其在审前阶段使其免受国家权力侵犯的基本精神在1979年刑事诉讼法中不仅没有得到任何体现，甚至在很多地方是背道而驰的。比如，审前羁押期限可能无限延长，被告人在审前程序中没有知情权也无法获得律师的帮助，证明责任不清使司法实践中很容易将证明责任转嫁到被告人身上，对于存疑的案件应当如何处理没有做出规定等。此外，通过分权来规范国家刑罚权的运作虽然在此次立法中有所体现，

[①]《在全国检察工作座谈会、全国高级人民法院和军事法院院长会议、第三次全国预审工作会议上的讲话》(一九七九年七月二十七日)，彭真:《论新中国的政法工作》，中央文献出版社1992年版，第180页。

但是依然存在很多权责不明之处，法院依然难以真正独立地享有和行使审判权，检察院和公安机关所主导的审前程序对审判程序的影响依然很大。很多人始终没有办法理解为什么在审前就被逮捕的人，在审判的时候又需要推定他是无罪的，这也是许多实务界人士反对无罪推定的根本原因。遗憾的是，当时学界始终未能对这个问题进行有效的回应，甚至不少学者对此也十分困惑，进而大大影响了无罪推定在立法中的推进。必须承认，在1979年刑事诉讼法中我们可以看到国家对待被追诉人方式的转变，尤其在口供的收集和应用上凸显了对国家权力的约束和对公民权利的保障。但是凡是涉及对国家权力的根本性约束，或是被追诉人的重要诉讼权利之处，立法者要么含糊其词，要么避重就轻，甚至还公开反对，即便有所规定也总是因缺乏相应的制度保障而流于泛泛。由此可见，虽然国家权力在当时已经开始收缩，公民权利日益彰显，但是刑事司法制度对公民权利依然缺乏保障性规定。因此，难以在1979年刑事诉讼法中看到无罪推定的"身影"也在意料之中。

虽然在1979年刑事诉讼法中可以看到无罪推定的偶然闪光，但是在立法者心目中，无罪推定性质未明、内涵未清，即便有值得借鉴之处，也不能在立法中贸然确立，更何况立法者对于无罪推定是否有值得借鉴之处还有诸多疑问。此时的立法思想可以说根本不具备无罪推定确立的内在条件。

第二节　1996年刑事诉讼法修改：无罪推定初步确立

进入20世纪90年代以后，随着改革的不断深入，开放的不断扩大，公民人权意识进一步增强，"觉醒和徘徊"时期结束，进入"启蒙与传播"时期，社会主义人权观的内涵渐渐清晰。公民对国家权力合法性的质疑随着权利意识的增强而增多，国家权力合法性基础必须再次调整。依法治国理念的提出是我国建设法治国家道路上的一大进步，标志着我国正在建立一整套以法治理念为核心的国家权力运行规则，以此作为国家权力正当化的装置。在刑事司法领域，政策实施型诉讼模式作为刑罚权合法化路径遭到越来越多的质疑，人们要求改革刑事诉讼场域中国家权力对待被追诉人的方式的呼声一阵高过一阵。我国司法改革的不断深入，依法治国理念的提出，都在冲击着与现代程序法治理念格格不入的政策实施型诉讼模式。此外，由于社会各个领域发生深刻变革，执法环境也发生了很大变化，刑事犯罪呈现出新特点和新趋势，司法机关在与犯罪做斗争的过程中面临更多的新问题，1979年刑事诉讼法的不足因此凸显出来，刑事诉讼法的修改迫在眉睫。1996年刑事诉讼法修改，堪称我国刑事司法制度的大改革，刑事诉讼制度的民主化、科学化、文明化水平向前迈了一大步，无罪推定的合理内核获得了立法者的认可并且努力在条文中予以体现。但是从具体条文来看,立法者只是将其以一种政策性的刑事诉讼基本原则的形式呈现,表达的内容与国际社会的普遍表述还有很大差距,还远远谈不上作为被追诉人的一项基本的诉讼权利,无罪推定权利体系中的不得强迫自证其罪特权、沉默权、非法证据排除权等相关的权利保障措施在立法中根本没有规定。相反,"坦白从宽、抗拒从严""实事求是""被告人有义务如实供述"等规定盛行。

一、法治型诉讼模式初具雏形

人权意识的增强,国家权力合法性基础的调整,国家权力和公民权利关系的变革,都对刑事诉讼领域产生了深远的影响。可以预见,在我国刑事司法领域国家刑罚权也必定会以"法治"作为最终取向,程序法治理念已经成为共识。1996年刑事诉讼法修改,进行了全方位的智力资源调动,大量刑事诉讼法学界的学术资源被投入法治型诉讼模式的构建之中。从此次立法修改的众多拟制稿中,可以看到我国刑事诉讼法正朝着对人权的殷切关怀、对制度的兴利除弊、构建刑事程序法治理念的方向发展的趋势。

进入20世纪90年代,刑事诉讼程序成为刑罚权合法化的唯一方式。虽然权力规范过程中依然存在违背程序之处,但是与之前诉讼程序高度行政化、对权力的约束被架空的情况相比,已经有明显改善。流经诉讼程序的国家权力如同被引流至泄洪道的洪水，失去了往日汹涌澎湃的气势，只能沿着既定的路线按部就班地运作，然而这并不意味着我国寻求刑罚权合法化路径的结束。随着国家权力合法性基础的发展趋势日益明晰，我国刑事诉讼程序若要持续为刑罚权提供合法性支持，也面临着从政策实施型诉讼模式向法治型诉讼模式的转变。法治型诉讼模式是与以民主和法治为核心特征的国家权力合法性基础相契合的，既然后者已经成为我国权力合法性基础发展的趋势，那么刑事诉讼领域自然是朝着法治型诉讼模式的方向发展。无罪推定是法治型诉讼模式程序构建的基石，可谓举足轻重。正是在无罪推定的影响之下，国家刑罚权呈现出与政策实施型诉讼模式极为迥异的运作状态。"无罪推定促使国家对犯罪实现通过程序的治理，催发刑事程序从传统向现代的结构转型与模式变迁。它以截然区别于有罪推定的立场、态度和方法，来解决如何对待嫌疑人、被告人的基本问题，成为近现代以来国家治理犯罪的制度与实践的前提和基调，定位了刑事程序的基本结构、功能和模式。"[①] 以无罪推定为基石构建而成的法治型诉讼模式，已经成为民主法治国家刑罚权合法化路径的共同选择，无罪推定的确立和践行是评价刑罚权合法化程度和法治型诉讼模式实践效果的重要判断标准。因此，随着法治型诉讼模式在我国逐渐形成，无罪推定在立法中得到了快速推进。

---

① 谢进杰：《如何对待嫌疑人与被告人——建国以来围绕"无罪推定"的讨论》，《中山大学学报》（社会科学版）2012年第4期。

二、无罪推定在立法中初步确立

(一)被追诉人主体地位之明确

1979年刑事诉讼法对被追诉人有各种称谓,有的时候称其为"被告人",有的时候称其为"人犯",还有的时候称其为"嫌疑分子"。对被追诉人称谓的混乱凸显了无罪推定在我国所受到的忽视,以及被追诉人在刑事诉讼中地位的混乱。在1996年刑事诉讼法修改之后,我们可以看到,公诉案件受刑事追诉的人在人民检察院向人民法院起诉之前被称为"犯罪嫌疑人",在人民检察院向人民法院提起公诉后被称为"被告人"。这可以说是无罪推定在刑事诉讼法中的重要体现,标志着被追诉人在人民法院做出有罪判决以前不再是"嫌疑分子"或"人犯"。根据刑事诉讼程序的不同环节决定对被追诉人的称谓,表明在法院依法判决之前他都是无罪的人,具有独立的诉讼地位和诉讼主体资格。

仅仅改变称谓显然不能从根本上确立被追诉人的主体地位,还需要一系列诉讼权利予以支持。从刑事诉讼活动来看,刑事诉讼过程实际上就是公诉机关与被追诉人争辩和对抗的过程。由于双方在诉讼参与能力上的悬殊,所以从一开始便注定了这种争辩和对抗的不平等。不仅公诉机关拥有被追诉人不具备的财力、物力、人力和各种专门性技术手段,而且被追诉人往往还处于被剥夺或限制人身自由的特殊境地,如此一来更加剧了双方的不平等。因此,赋予被追诉人广泛的诉讼权利,是制约公诉机关和确保刑事诉讼活动客观、公正的关键。虽然这不足以也不可能实现公诉机关与被追诉人在刑事诉讼中力量的对等和地位的平等，但有助于达到某种程度的平衡，这也是无罪推定的要求。

基于上述考虑，1996年刑事诉讼法对被追诉人的诉讼权利做出了较为全面的规定，例如第14条规定应当保障诉讼参与人依法享有的诉讼权利，第四章规定辩护制度等都对公诉机关追诉犯罪提出了更高的要求，从而制约了公诉机关的追诉权，也使被追诉人能够较为平等地与公诉机关对抗。此外，为保障被追诉人的辩护权，对律师制度和法律援助制度也做出了相应的修改，提前了辩护律师介入刑事案件的时间并且明确了指定辩护律师的几种情况，使被追诉人能够及时获得法律援助。

（二）诉讼证明制度之完善

通过规范国家机关的取证、举证和质证行为从而实现在诉讼证明领域对国家权力之约束乃是无罪推定内涵最为重要的一个体现，这也正是1996年刑事诉讼法修改的一个重点。1996年刑事诉讼法在改变过去纯粹的纠问式的庭审方式的基础上，确立了控辩双方对抗的庭审方式，并且着重体现了"谁主张，谁举证"的举证责任分配原则。人民检察院作为国家唯一的公诉机关，在提起公诉时必须做到犯罪事实清楚，证据确实、充分，并将支持公诉的有关证据材料一一向法庭展示，同时还必须接受辩方对本方所提交的证据材料的质证，并对证据正确与否、证明力的大小等问题展开辩论，以此来影响法官，使其做出有利于控方的判断和结论，从而推翻被告人在法院做出判决前是无罪的人的假定。同时，法官不再像过去那样积极地参与到对案件事实的调查之中，被告人也没有提出证据证明自己无罪的义务，更不能因为被告人没有提出证明自己无罪的证据便推定其有罪。这样一来，举证责任便基本上由公诉机关，即检察院承担，如果不能完成证明责任，将承担相应的不利后果。

1996年刑事诉讼法修改在诉讼证明领域还有一个亮点不得不提，便是确立了"疑罪从无"。很长一段时间以来，由于在刑事司法中对实事求是原则的错误理解，使人们一直不愿意承认"疑案"的存在，而是坚持认为只要遵循实事求是的原则，一定能够发现客观存在的事实。这一错误使司法实践中许多经过多方查证依然难以查清事实，或者证据不足、处断难明的案件，要么久拖不决，使被告人长期处于被羁押状态；要么疑罪从轻，选择一个较轻的罪名做出判决，造成了大量的冤假错案，不仅与我国民主法治建设的要求背道而驰，同时也严重损害了我国刑事司法的公信力。认识到以上种种弊端，越来越多的学者和司法工作者开始了对"疑罪"及其处理的探讨和研究。在立法上确立"疑罪从无"原则成为人们的共识，这也是无罪推定的重要内容之一。最高人民法院在1989年11月4日发布的《关于一审判决宣告无罪的公诉案件如何适用法律问题的批复》规定："对于因主要事实不清、证据不足，经多次退查后，检察院仍未查清犯罪事实，法院自己调查也无法查证清楚，不能认定被告人有罪的，可在判决书中说明情况后，直接宣告无罪。"这一司法解释实际上确立了"疑罪从无"的原则。在此基础上，1996年刑事诉讼法吸收了无罪推定所蕴含的"疑案从无"的精神，第140条第4款明确规定："对于补充侦查的案件，人民检察院仍然认为证据不足，不符合起诉条件的，可以作出不起诉的决定。"第162条规定："在被告人最后陈述后，审判长宣布休庭，合议庭进行评议，根据已经查明的事实、证据和有关的法律规定，分别作出以下判决：……（三）证据不足，不能认定被告人有罪的，应当作出证据不足、指控的犯罪不能成立的无罪判决。"这意味着"无罪的假定"尚未被推翻，就应当做出证据不足、指控的犯罪不能成立的无罪判决。"疑罪从无"是无罪推定的核心，1996年刑事诉讼法对"疑罪从无"的明确规定表明我国刑事诉讼法吸收了无罪推定的基本精神。

（三）权力规制加强

1996年刑事诉讼法修改的目的在于将当时的职权主义诉讼模式转变为当事人主义诉讼模式，这需要在程序构建中进行大的改动。其中最关键的便是区分审前程序与审判程序，明确法院在审判中的主导地位，确立法院的独立审判权，强调"审判中心主义"。虽然没有明说，但是不难发现1996年刑事诉讼法程序构建上的改动很大程度上遵循的是无罪推定的指导思想。

1996年刑事诉讼法第3条规定："审判由人民法院负责。"自此明确了法院独立行使审判权，任何人未经人民法院做出有罪判决之前都是无罪的，其生命、财产、自由等权益不被剥夺。这就意味着，被告人有罪的判决，必须从法庭审判程序中产生，虽然公安机关和检察院在刑事诉讼中分别主导侦查阶段和起诉阶段，但是却不允许分割法院的定罪权，具体表现在以下几个方面。

1. 废除免予起诉制度

按照无罪推定的基本要求，1996年刑事诉讼法废除了免予起诉制度，确立了"未经人民法院依法判决，对任何人都不得确定有罪"的原则，从立法上否定了作为国家公诉机关的人民检察院在实体法上确定被告人有罪的非正常做法，维护了人民法院审判权的统一性和完整性。

2. 规范庭前审查内容，避免法官先入为主

根据1996年刑事诉讼法的规定，人民检察院提起公诉的案件，只需向人民法院移送起诉书及证据目录、证人名单和主要证据复印件或者照片，不再全卷移送。人民法院进行审查后，只要认为上述材料齐备，就应当决定开庭审判。至于被告人的行为是否构成犯罪，必须经过庭审之后才能确定，从而避免了法官先入为主，偏听偏信，先判后审，使庭审流于形式。

3. 确保法官中立地位

法官中立，不依附于控辩任何一方，这本来就是应有之义，也是无罪推定的要求。然而，长期以来，在重打击轻保护的职权主义诉讼模式影响下，法官基本上扮演的是控诉人的角色，这与其中立地位是极不相称的。根据1996年刑事诉讼法的规定，法官在审理刑事案件的过程中超然于控辩双方之处，

充分听取控辩双方的主张和意见,根据已经查明的事实和证据,依法居中公断,并以判决书的形式公开宣告。此外,法官审理刑事案件只重事实,服从法律,不受行政机关、社会团体和个人的干涉,确保人民法院独立行使审判权。

总体而言,我国1996年刑事诉讼法多个条文中都渗透着无罪推定之基本精神,因此可以认为无罪推定借助这次刑事诉讼法的修改在我国初步确立。许多学者和司法工作者都对1996年刑事诉讼法给予了极高的评价,认为学界多年来关于无罪推定的探讨的各种建议终于为立法所吸收。但是随着学界对1996年刑事诉讼法的认识不断深入,大多数学者从当初的盲目乐观中清醒过来,更为理性和冷静地对立法进行反思。立法者对无罪推定的许多关键之处依然持保留态度,他们的这种态度不仅使立法中关于无罪推定的许多相关制度和程序规定用语模糊甚至空白,更重要的是对司法实践产生了极为严重的负面影响,这在下文有专节论述。

三、立法对无罪推定之保留

1996年刑事诉讼法修改后,对无罪推定有一定程度的吸收,但是依然有诸多保留。

(一)第12条表述语意不清

在国际社会中,对无罪推定的表述最具代表性和权威的应该是《公民权利及政治权利国际公约》。该公约第14条第2款规定:"受刑事控告之人,未经依法确定有罪以前,应假定其无罪。"该规定的渊源是《世界人权宣言》第11条第1项的规定:"凡受刑事控告者,在未经获得辩护上所需的一切保证的公开审判而依法证实有罪以前,有权被视为无罪。"另外,《日内瓦四公约关于保护国际性武装冲突受难者的附加议定书》(第一议定书)①第75条"基本保证"和《日内瓦四公约关于保护非国际性武装冲突受难者的附加议定书》(第二议定书)②第6条"刑事追诉"均进行了相同的表述:"任何被控犯罪的人,在按照法律证明其有罪前,均推定为无罪。"《保护所有移徙工人及其家庭成员权利国际公约》③第18条第2款规定:"受刑事控告的移徙工人及其家庭成员,未经依法证实有罪之前,应有权被假定为无罪。"在儿童司法和保护领域也有关于无罪推定的规定,如《儿童权利公约》④第40条第2款规定:"所有被指称或指控触犯刑法的儿童至少应得到下列保证:(一)在依法判定有罪之前应被假定为无罪。"

由上述国际上公认的文件可以看出,通常将无罪推定表述为"视为无罪""推定为无罪""假定为无罪"等,这些都是从正面直接进行规定的。我国1996年刑事诉讼法第12条规定:

---

① 联合国大会于1977年6月8日通过并开放给各国签字、批准和加入,1978年12月7日生效。
② 联合国大会于1977年6月8日通过并开放给各国签字、批准和加入,1978年12月7日生效。
③ 联合国大会于1990年12月18日第45/158号决议通过并开放给各国签字、批准和加入,按照第87(1)条规定,于2003年7月1日生效。
④ 联合国大会于1989年11月20日第44/25号决议通过并开放给各国签字、批准和加入,按照第49条规定,于1990年9月2日生效。

"未经人民法院依法判决，对任何人都不得确定有罪。"学界对这条规定的争论十分激烈，有学者将此作为我国已经确立无罪推定的依据；更多学者持反对意见，认为这一含混不清的表述使无罪推定在立法中的意义和作用大打折扣。笔者认为，单纯从这条规定本身看，并不是关于无罪推定的表述。一方面，正如前文所言，对无罪推定的一般表述都是正面、直接的肯定式规定，而第12条中的"不得确定有罪"并不必然就是"视为无罪""推定为无罪""假定为无罪"。另一方面，该条文的侧重点在前半句，它意图解决的是定罪权的问题。从1996年的修法背景来看，这条规定针对的是由1979年刑事诉讼法中的免予起诉制度引起的定罪权混乱，明确定罪权只属于法院。[①]所以说，1996年刑事诉讼法第12条规定更倾向于解决法院定罪权的问题，而非规定无罪推定。

（二）沉默权遭到否定

沉默权是无罪推定的一项重要延伸权利，也是被追诉人众多诉讼权利中最为重要的一项，因为它的存在意味着被追诉人真正成了诉讼的主体。沉默权的确立，表明立法肯定了被追诉人在面对国家权力时，能够自由地选择是否保持沉默，并且不因选择沉默而承担任何不利后果。这种自由选择的权利，使被追诉人不再被视为刑事诉讼中产出口供的客体，要求国家权力在追诉犯罪的过程中，必须尊重被追诉人保持沉默的权利，而

---

① 郎胜主编：《〈中华人民共和国刑事诉讼法〉修改与适用》，新华出版社2012年版，第56页。

且绝对不能因被追诉人保持沉默而对其做出不利的认定。由此可见，一旦在立法中确立沉默权制度，将会大大提高被追诉人的诉讼地位，并且在一定程度上改变我国长期以来在刑事司法中过分依赖口供的状况，促使国家权力的运作模式做出相应的调整。然而1996年刑事诉讼法并没有确立这一权利，反而还在第93条明确规定："犯罪嫌疑人对侦查人员的提问，应当如实回答。"被告人同样也被剥夺了沉默的权利，从第45条"人民法院、人民检察院和公安机关有权向有关单位和个人收集、调取证据。有关单位和个人应当如实提供证据"的规定可以看出，被告人在庭审过程中同样负有如实回答的义务。毫无疑问，"如实回答"是对沉默权的公然否定，把它作为一种义务意味着犯罪嫌疑人和被告人不仅必须履行，而且还要为拒绝履行承担相应的不利后果。司法实践中，往往也将被告人不如实供述作为量刑时的酌定从重处罚情节之一，以惩罚被告人违反法定义务。沉默权是无罪推定的应有之义，对这一权利的公然否定自然会大大影响无罪推定在我国的践行。

（三）"疑罪从无"条文缺乏操作性

"疑罪从无"作为1996年刑事诉讼法修改的一个亮点，一度为人们所称道。虽然我国立法从正反两个方面都肯定了这一原则，但是由于缺乏相关制度的支撑，致使这一原则不具有操作性，难以在司法实践中得到落实。其中最重要的是，证据制度的不完善，导致法院在适用该原则时没有法律依据，很多时候不敢轻易做出存疑无罪的判决。

我国在证明标准上并未因不同的诉讼阶段而有所区分，统一适用"事实清楚，证据确实、充分"。这种统一而不加区分的证明标准，在立法者眼中，体现了我国刑事诉讼过程中每一个环节都十分强调事实和证据，必须在搞清楚事实和掌握足够证据之后才能进入下一个环节，这也是实事求是原则的体现，但是却忽略了刑事诉讼中的客观事实。对事实的认识是一个不断深入的过程，因此在诉讼的不同阶段，对事实的认识也不同，片面强调统一不仅不切实际，还可能误导后面的环节对事实的认定。此外，我国并没有对证明标准做出具体的诠释，何为"事实清楚，证据确实、充分"并不清楚。这些问题使审判人员没有判断案件是否存疑的标准，不敢做出相应的判决。

另外，在司法实践中审判人员依然受到有罪推定的影响，他们无法就存疑的案件做出无罪的判决，而是普遍采取疑罪从轻的做法。从"疑罪从无"在司法实践中遭遇的困境不难看出我国立法在无罪推定相关制度方面的缺失，尤其是证据制度的不完善导致无罪推定的基本精神无法渗透到司法实践中，而只能停留在纸面上。

（四）非法证据排除规则形同虚设

1996年刑事诉讼法修改后，我国部分学者认为第43条的规定是我国确立非法证据排除规则的体现，同时也是无罪推定在我国证据制度中的体现。由于我国的证据制度在立法上显得简陋和凌乱，缺乏体系，比如非法证据的范围、非法证据的举证责任以及非法证据的处理方式等，这些在立法中都没有做出具体的规定，所以当被告人提出侦查人员非法获取言词证据时，侦查机关的做法便是出具"没有违法取证的证明"，这一纸证明便可以将非法证据排除规则挡在门外。以上种种使非法证据排除规则作为我国为数不多的证据规则之一，因为在实践中缺乏操作性而形同虚设。此外，从法院在司法实践中对待该规则的态度不难发现，除非侦查人员的非法取证行为性质极为恶劣，或者因其他原因能够证明被告人的清白，否则法院都会倾向于认可证据的合法性。于是，在司法实践中针对非法证据排除规则的适用便会出现一个怪圈——证据越是重要，侦查人员越是会用非法手段获取，法院越是会考虑到证据的重要性而予以认定。如此一来，非法证据排除规则就完全被架空了。

总体而言，1996年刑事诉讼法的修改相较过去无疑取得了极大的进步，对无罪推定基本精神的吸收更是其显著标志，但是这次刑事诉讼法的修改仍然有相当大的局限性，对无罪推定表述含混不清，且缺乏相关制度的支撑，使许多关于无罪推定的规定仅仅停留在纸面上，难以在司法实践中发挥作用。虽然学界在立法活动之前就已经开始从制度层面探讨我国应当确立怎样的无罪推定，探讨无罪推定所需要的一系列制度设置和程序构建，但是学界的相关观点并未在立法中得以全面体现，立法对待无罪推定的态度模棱两可，可见立法者内心之矛盾。一方面，立法者十分清楚，随着我国权力合法性基础朝着民主和法治的方向调整，对刑罚权合法化的要求必定会越来越高，最终唯有法治型诉讼模式能够为刑罚权之运作提供合法性支持。而无罪推定作为法治型诉讼模式的基石，通过对国家刑罚权在刑事诉讼场域中的运作进行约束获得民众对其运作成果的认可和支持，从而确保刑事诉讼法的社会效果。另一方面，民主和法治毕竟还只是未来的美好图景，通向它们的道路十分漫长且充满变数。具体到刑罚权的合法化路径，虽然确立无罪推定乃大势所趋，但是只要现有的程序足以为刑罚权的运作提供合法性支持，那么"渐进式改革"的缓慢进程对立法者的吸引力便足够大。从1996年刑事诉讼法的修改来看，虽然立法思想上对无罪推定的态度和选择让我们看到了进步，但是同样让我们感受到了犹豫和保守。虽然这一阶段学术思想上已经将无罪推定与人权保障在刑事司法中的体现密切联系起来，并且越来越深刻地意识到无罪推定对公民人权保障的重要意义，但是立法思想上却只能接受将该原则描述成为"法院独立行使审判权"。无罪推定作为一项刑事诉讼基本原则尚未能够获得立法上的完全认可，更遑论作为一项公民基本权利在刑事司法中确立了。

第三节 2012年刑事诉讼法第二次修改：无罪推定继续推进

社会各界对1996年刑事诉讼法修改基本是肯定的。此次修改在很大程度上改变了我国的政策实施型诉讼模式，使刑罚权合法化路径从职权主义诉讼模式向当事人主义诉讼模式转变。虽然未明文规定无罪推定,但是不能否认多个法条都体现出了无罪推定的基本精神,使1996年刑事诉讼法在人权保障和诉讼制度合理化方面都有明显的进步。然而1996年刑事诉讼法具有浓重的"过渡性"和"妥协性",无论是在立法内容上还是技术上都存在许多问题,以致无罪推定的基本精神无法在实践中得以贯彻,最终沦为空中楼阁。随着人权意识进入"弘扬和保障"时期,"以人为本"人权观逐步树立,促使国家权力合法性基础深度调整,以民主和法治为核心特征的"民授合法性基础"成为我国权力合法性基础的发展趋势。处于体制转型期的中国势必伴随着法制建设,"通过不断地修改法律,以立法手段自上而下地'引导'实践,推动社会各个领域的法制建设,似乎是迈向法治国家的必由之路"[①]。虽然经过1996年刑事诉讼法修改,法治型诉讼模式已经初具雏形,但是由于各种原因,立法依然存在诸多不足亟待修正。在这一背景之下,我国十一届全国人大决定将刑事诉讼法的修改工作列入本届人大的会议日程,在总结过去经验教训,结合新时期我国国情的基础上,对刑事诉讼法进行第二次修改。作为刑事诉讼法的又一次重大立法活动,刑事诉讼法第二次修改对我国刑事司法产生了积极的影响,为我国刑罚权运作的合法性提供了更加稳固的支持。此次立法修改更加注重对被追诉人人权的保障,将"尊重和保障人权"作为基本原则予以规定。无罪推定天然地具有约束国家权力、保障公民权利的功能和价值追求,该原则

---

① 孙长永:《略论〈刑事诉讼法〉的再修改》,《现代法学》2004年第3期。

之内涵与此次立法修改之重点可谓惊人的一致，因此无罪推定也随着此次修改更为深入地渗透到立法之中，并且通过被告人权利保障、诉讼证明领域和约束国家权力三个方面影响程序构建最终体现到司法实践中，无罪推定权利化趋势也开始逐渐体现在立法中。

一、无罪推定在被告人权利保障方面之推进

无罪推定对于刑事司法最大的意义在于使被告人从封建专制刑事司法中主要作为纠问客体的地位变成了享有辩护权的诉讼主体，从而为被告人享有广泛的诉讼权利提供了有力的依据。[1]被告人主体地位的确立是其在刑事诉讼过程中对抗国家权力的基本前提。然而若要真正与国家权力形成对抗，还必须赋予被告人符合其主体地位的一系列诉讼权利，其中辩护权是最能体现无罪推定的、对被告人最重要的诉讼权利。1996年刑事诉讼法修改，凸显了刑事司法从职权主义诉讼模式向当事人主义诉讼模式转变的努力，而要实现"当事人主义"，确保被告人的辩护权得以有效行使乃是关键。因此，1996年刑事诉讼法修改也对辩护制度进行了一定程度的完善。但是在司法实践中，无论是律师辩护制度还是法律援助制度，这些辅助辩护权行使的制度始终难以得到具体落实，而被告人自行辩护往往因受到自身能力和水平的影响难以实现，立法者的良好愿望

---

[1] 宋英辉：《刑事诉讼目的论》，中国人民公安大学出版社1995年版，第108页。

最终基本落空。

此次刑事诉讼法修改，辩护制度的完善也被提到了十分重要的地位。在总结1996年刑事诉讼法不足的基础之上，此次修改将重点放在了律师辩护制度和法律援助制度的完善上，尤其注重刑事诉讼法与新颁布的律师法之间的衔接和对应，避免法律之间出现矛盾。

（一）明确律师在侦查阶段的辩护人身份和权利

侦查阶段往往是犯罪嫌疑人权利受侵犯最为严重和频繁的阶段，确保被讯问时律师的在场权，以及被采取强制措施后与律师之间的通信和会见权，对于犯罪嫌疑人辩护权的行使十分关键。唯此律师才能真正体现其诉讼价值。

1996年刑事诉讼法第96条规定："犯罪嫌疑人在被侦查机关第一次讯问后或者采取强制措施之日起，可以聘请律师为其提供法律咨询、代理申诉、控告。"在当时的立法背景之下，该规定将律师介入诉讼的时间提前到侦查阶段已是很大的进步。但是虽然允许律师介入，却未确定其介入的身份和地位，以致在司法实践中，律师难以在侦查阶段发挥作用。2012年刑事诉讼法明确了律师在侦查阶段的辩护人身份，并且赋予其"为犯罪嫌疑人提供法律帮助；代理申诉、控告；申请变更强制措施；向侦查机关了解犯罪嫌疑人涉嫌的罪名和案件有关情况，提出意见"几大方面的权利。尤其强调了律师的程序性辩护权，因为侦查过程中实体问题尚未清楚，将作为辩护人的律师在侦查阶段所承担的职责予以明确，有利于限制办案机关对律师依法行使诉讼权利任意约束，增强办案机关为律师依法执业提供相应支持与便利的意识。

（二）规范犯罪嫌疑人委托律师的时间和方式

仅仅明确律师的身份和权利还不够，还应当切实保障犯罪嫌疑人的委托权。尤其是被羁押或者采取其他强制措施的犯罪嫌疑人，与外界的联系被彻底切断，委托律师的意愿只能通过侦查机关代为转达，这对犯罪嫌疑人辩护权的行使十分不利。由此可见，法律规定的一点疏漏都可能在司法实践中被放大到极致，进而危及犯罪嫌疑人的辩护权的行使。

基于以上情况，2012年刑事诉讼法第33条规定："犯罪嫌疑人自被侦查机关第一次讯问或者采取强制措施之日起，有权委托辩护人；在侦查期间，只能委托律师作为辩护人。被告人有权随时委托辩护人。侦查机关在第一次讯问犯罪嫌疑人或者对犯罪嫌疑人采取强制措施的时候，应当告知犯罪嫌疑人有权委托辩护人。人民检察院自收到移送审查起诉的案件材料之日起三日以内，应当告知犯罪嫌疑人有权委托辩护人。人民法院自受理案件之日起三日以内，应当告知被告人有权委托辩护人。犯罪嫌疑人、被告人在押期间要求委托辩护人的，人民法院、人民检察院和公安机关应当及时转达其要求。犯罪嫌疑人、被告人在押的，也可以由其监护人、近亲属代为委托辩护人。辩护人接受犯罪嫌疑人、被告人委托后，应当及时告知办理案件的机关。"

（三）确保律师会见权的行使

在侦查阶段，犯罪嫌疑人若是处于羁押状态，即使委托了律师也往往会受到办案机关的限制而无法见到律师。换言之，律师的会见权在司法实践中难以得到落实。最高人民法院、最高人民检察院等六部委在联合发布的《关于实施刑事诉讼法若干问题的规定》第7条明确规定："辩护律师要求会见在押的犯罪嫌疑人、被告人的，看守所应当及时安排会见，保证辩护律师在四十八小时以内见到在押的犯罪嫌疑人、被告人。"司法实践中，此处的"安排"已经演变成办案机关的"批准"，且不同地方、不同机关"批准"的具体负责人员和申请方式、批准流程都不相同，律师即使严格按照办案机关的要求提出申请，依然会遭到拒绝。此外，即使安排会见，办案机关也会做出各种限制以致律师无法与委托人正常、自由地交流，使会见的效果大打折扣。会见权不仅对辩护律师十分重要，会见是律师与委托人交流，了解案情的最好机会，对处于羁押状态的犯罪嫌疑人而言，能够与律师会见更是意义深远。因此，保障律师的会见权是保障被追诉人辩护权的前提。

针对以上情况，2012年刑事诉讼法第37条规定："辩护律师持律师执业证书、律师事务所证明和委托书或者法律援助公函要求会见在押的犯罪嫌疑人、被告人的，看守所应当及时安排会见，至迟不得超过四十八小时。危害国家安全犯罪、恐怖活动犯罪、特别重大贿赂犯罪案件，在侦查期间辩护律师会见在押的犯罪嫌疑人，应当经侦查机关许可。上述案件，侦查机关应当事先通知看守所。辩护律师会见在押的犯罪嫌疑人、被告人,可以了解案件有关情况,提供法律咨询等;自案件移送审查起诉之日起,可以向犯罪嫌疑人、被告人核实有关证据。辩护律师会见犯罪嫌疑人、被告人时不被监听。"以上规定在很大程度上约束了办案机关对律师会见权行使的限制,确保了会见的过程中不被监听,且并未对律师与委托人会见时的交谈内容做出限制,旨在确保律师会见权的行使。

(四)完善法律援助制度

一国法律援助制度的设置和实践是该国人权保障程度的晴雨表,也是无罪推定能否在刑事司法中得到贯彻的一个重要因素。1996年刑事诉讼法对法律援助的规定,无论是援助的对象还是援助的时间以及援助律师的来源等方面都有诸多不足,对于保障特殊群体的诉讼权利十分不利。2012年刑事诉讼法第34条规定:"犯罪嫌疑人、被告人因经济困难或者其他原因没有委托辩护人的,本人及其近亲属可以向法律援助机构提出申请。对符合法律援助条件的,法律援助机构应当指派律师为其提供辩护。犯罪嫌疑人、被告人是盲、聋、哑人,或者是尚未完全丧失辨认或者控制自己行为能力的精神病人,没有委托辩护人的,人民法院、人民检察院和公安机关应当通知法律援助机构指派律师为其提供辩护。犯罪嫌疑人、被告人可能被判处无期徒刑、死刑,没有委托辩护人的,人民法院、人民检察院和公安机关应当通知法律援助机构指派律师为其提供辩护。"从修改后的条文可见,法律援助的时间从过去的审判阶段提前到了侦查阶段，便于援助律师尽早提供帮助。同时扩大了法律援助的范围，法律援助的对象由原来的盲、聋、哑或者未成年被告人和可能被判处死刑的被告人扩大到具有上述情形的犯罪嫌疑人和尚未完全丧失辨认或者控制自己行为能力的精神病人，以及可能被判处无期徒刑的犯罪嫌疑人、被告人，将过去司法解释中规定的可以提供援助的几类人也一并纳入了援助范围。

律师辩护制度和法律援助制度的完善，对于被告人辩护权的行使，推动无罪推定在司法实践中贯彻，以及确保我国刑罚权运作过程中对被告人主体地位的尊重，都有十分重要的意义。

二、无罪推定在诉讼证明领域之推进

诉讼证明领域一直是刑事诉讼法的核心。诉讼活动基本上是围绕证据的收集、举证、质证、认证、采信和排除展开的，诉讼证明领域也是无罪推定是否得以贯彻最为直接的判断标准。1996年刑事诉讼法虽然在诉讼证明领域有了重大改进，在一定程度上体现了无罪推定，但是相关法条过于简单、粗陋，缺乏一套科学、完备的刑事证据制度。办案人员尚未树立无罪推定的观念，故而刑讯逼供等非法取证行为时有发生，给刑罚权的合法化运作带来极大的负面影响。随着人们对程序正义日益重视，越来越强调诉讼程序的公正性。社会各界和全国人大代表强烈呼吁尽快建立证据收集、审查、排除、采信和证人出庭等完整的刑事证据制度，遏制刑讯逼供等非法取证行为，维护司法公正和刑事诉讼参与人的合法权利，重建刑罚权的合法化路径。因此，完善证据制度是此次立法修改的重点之一。从修改后的条文来看，无罪推定主要体现在以下几个方面。

（一）非法证据排除规则之完善

虽然早在1979年刑事诉讼法中就已经有了严禁刑讯逼供和以威胁、引诱、欺骗以及其他非法的方法收集证据的规定，但是即便经过1996年的立法修改，也依然未能使非法证据排除规则具有可操作性，致使长期以来刑罚权在取证方面的运作难以受到程序的有效控制，总是不时涌现有罪推定的阴云。此次立法修改，不仅明确界定了"非法证据"的范围，还通过立法规定了非法证据举证责任的归属以及排除非法证据的程序。以往实践中非法证据排除规则存在的不足基本上都在此次修改中都得到了回应和完善。[①]

1. 非法证据的范围

此次立法修改，将非法证据分为两大类。一类是采用非法方法所获得的言词证据，即采用刑讯逼供等非法方法收集的犯罪嫌疑人、被告人供述和采用暴力、威胁等非法方法收集的证人证言、被害人陈述。还有一类是违反法定程序获得的实物证据。前者，属于必须排除之列；后者，原则上予以补正，可能

---

① 黄太云：《刑事诉讼法修改释义》，《人民检察》2012年第8期。

导致严重后果的才予以排除。如此一来，不仅明确了非法证据的范围，还根据分类确定了不同的处理方式。在司法实践中，最常见的非法证据当数通过刑讯逼供或者类似刑讯逼供的行为所获得的口供，对公民权利侵犯最严重的也正是此类行为。因此，立法明确将由此获得的言词证据予以排除，正是通过程序约束国家刑罚权在查明案件事实过程中的运作，防止出现以查明案件事实为借口导致的权力泛滥。但是，确保国家刑罚权运作也同样是刑事诉讼的基本目的之一，因此对违反法定程序获得的实物证据，只要不至于导致严重后果的，基本上都不予排除。此举旨在平衡国家权力与公民权利，也凸显了通过程序加强对国家刑罚权在诉讼证明领域运作的约束的意图。

2. 明确非法证据的举证责任

在司法实践中，除了司法机关发现的少量非法证据以外，绝大多数是由犯罪嫌疑人或被告人提出的，那么当双方对非法证据是否存在持有异议时，举证责任的分配便显得尤为重要。1996年刑事诉讼法对这一问题避而不谈，司法实践中一直是由被追诉人承担举证责任，即使没有明文规定，法院也会要求被追诉人提供足够的证据予以证明。举证责任的分配是程序对国家刑罚权运作约束程度的体现，唯有将此责任加诸检察院身上才符合刑事诉讼法的基本法理。检察机关作为代表国家对犯罪提起公诉的机关，应当对其用以指控、证明犯罪的证据收集的合法性负有证明责任。2012年刑事诉讼法第57条第1款规定："在对证据收集的合法性进行法庭调查的过程中，人民检察院应当对证据收集的合法性加以证明。"

3. 明确非法证据排除程序

就程序法而言，刑事诉讼程序理当为非法证据的排除设定相应的程序，引导司法机关如何从最初的辨认到最终的排除。在1996年刑事诉讼法中，非法证据排除程序可以说是一片空白，于是司法实践中便出现了各种做法。虽然不乏有创见的尝试，但却是以失去法律统一性和规范性为代价的。在排除非法证据的过程中会遇到各种难题，最常见的便是被追诉人的翻供行为，尤其是多次供述又多次推翻的，究竟以哪一次为准呢？此外，在法庭对非法证据进行调查和认定时，侦查人员并不出庭，"只送来盖有办案机关印章的一纸'证明'、'情况说明'或者'抓捕经过'，否认在办案过程中存在非法取证行为。法官无法对办案机关证明内容的真实性作出判断，对犯罪嫌疑人、被告人提出被刑讯逼供的涉及定罪量刑的证据，处于采信和排除进退两难的尴尬境地"。[1]

因此，此次立法修改为了确保非法证据排除程序的可操作性和指导性，首先，规定被追诉人提出排除非法证据的申请应当提供相关证据和线索。这并非要被追诉人承担举证责任，而是要求他提供一点线索，使法院能够对取证行为的合法性产生怀疑。其次，明确检察机关对非法取证行为的调查权和有权要求公安机关对证据收集的合法性做出说明。因为最终举证责任是落在检察院身上的，但是检察院要证明侦查活动的合法性必须依靠公安机关帮助。司法实践中公安机关并没有这方面的义

---

[1] 黄太云：《刑事诉讼法修改释义》，《人民检察》2012年第8期。

务，故而对于检察院的要求，往往以一纸"情况说明"之类草草打发了。为了确保检察院完成举证责任，赋予其要求公安机关说明情况的权力和调查权，使其得以较早地介入侦查活动，尤其是能够更好地掌控重大案件侦查活动的合法性。

（二）证明标准之重整

证明标准，是指在刑事诉讼中，承担证明责任的人提供证据对案件事实加以证明所要达到的程度。它是决定具体案件事实是否能够认定的准则，指引诉讼各方实施正确的诉讼行为。证明标准与无罪推定关系极为密切。无罪推定是法律对被追诉人并未犯罪的一种假定，若公诉机关所提供的证据足够将这一假定推翻，就意味着被追诉人最终被认定为罪犯。证明标准则是司法机关用以判断证据是否"足够"推翻无罪推定的标准。

1996年刑事诉讼法的证明标准是"事实清楚，证据确实、充分"。这一标准统一适用于侦查、审查起诉和审判三个阶段，导致在司法实践中难以掌握，经常出现认识上的分歧。既然公安机关侦查终结的案件，已经达到事实清楚，证据确实、充分，那么在随后的两个阶段还要依据同样的标准进行，意义何在呢？证明标准对诉讼证明活动具有十分重要的指导意义，必须使其指导作用得到充分发挥，否则形同虚设。

2012年刑事诉讼法第53条规定："对一切案件的判处都要重证据，重调查研究，不轻信口供。只有被告人供述，没有其他证据的，不能认定被告人有罪和处以刑罚；没有被告人供述，证据确实、充分的，可以认定被告人有罪和处以刑罚。

证据确实、充分，应当符合以下条件：（一）定罪量刑的事实都有证据证明；（二）据以定案的证据均经法定程序查证属实；（三）综合全案证据，对所认定事实已排除合理怀疑。"此次修改将证明标准予以明确，并且将"排除合理怀疑"作为对"事实清楚，证据确实、充分"其中一个层面的诠释，以尝试将原本抽象、泛化的证明标准具体化。

（三）增设不得强迫自证其罪特权

不得强迫自证其罪不仅是我国已签署的《公民权利及政治权利国际公约》中的一项重要原则，而且也是"尊重和保障人权"的要求。不得强迫自证其罪的确立对于防止刑讯逼供，保护犯罪嫌疑人、被告人的合法权利具有非常积极的意义，更是无罪推定的应有之义。在普通法系国家，有大量学者认为不得强迫自证其罪正是无罪推定在诉讼证明领域的体现，由此可见两者关联之密切。不得强迫自证其罪的确立意味着无罪推定对我国的诉讼证明制度具有重要的影响。

2012年刑事诉讼法在规定"严禁刑讯逼供和以威胁、引诱、欺骗以及其他非法方法收集证据"的基础上，又明确规定"不得强迫任何人证实自己有罪"，有利于保障取证活动依法进行，遏制刑讯逼供，保证案件得到正确处理，促进司法公正。遗憾的是，立法一方面规定了不得强迫自证其罪，另一方面却保留了"犯罪嫌疑人对侦查人员的提问，应当如实回答"的义务。不得强迫自证其罪的确立对于侦查阶段侦查机关的取证行为有很强的约束性，迫使侦查机关在强制措施的选择以及实施强制措施的过程中，都必须更加小心更加规范，否则可能导致前功尽弃。不得强迫自证其罪的确立还能为非法证据排除规则提供理论依据。不得强迫自证其罪最直接的衍生规则便是非法证据排除规则，正因为不得强迫自证其罪，才必须对采用刑讯逼供等非法方法获得的口供、证人证言等言词证据予以排除。

三、无罪推定在约束国家权力方面之推进

2012年刑事诉讼法修改之时正是我国倡导以"民主法治"为首要特征的"和谐社会"理念提出之际，标志着我国权力合法性基础正稳步朝着"民主法治"方向发展。与此相适应，国家刑罚权的合法化路径也只能通过以"程序法治"为基本理念，以无罪推定为基石的法治型诉讼模式予以实现，否则刑罚权的运作将难以得到社会的认可。因此，此次刑事诉讼法修改，除了在保障人权方面有所突破之外，还力求强化对国家权力的约束，以逐步实现刑事程序法治化。

1996年刑事诉讼法的修改在一定程度上显示了向法治型诉讼模式转变的趋势，但是该法对无罪推定的表述含混不清，限制了其对国家刑罚权运作的程序制约。刑事诉讼法的目标是通过程序约束、引导国家刑罚权的运作，但在具体实施中，对于违反程序的行为缺乏必要的法律后果的规定，这导致在司法实践中一些不遵守法定程序的现象，特别是在侦查阶段，强制措施的滥用和对公民权利的侵犯时有发生，如刑讯逼供、超期

羁押等。

虽然有关部门高度重视上述这些问题，并采取了一系列措施也取得了一定的成效，但这种依赖上级关注和行政命令的解决方式，并不符合程序法治理念。无罪推定的核心不仅在于保障公民权利，还在于通过司法程序对国家刑罚权的运作进行有效约束和引导。因此，2012年刑事诉讼法修改着眼于司法程序的可操作性，以更好地体现无罪推定的基本精神，确保公民权利得到充分保障。

第四节　2018年刑事诉讼法第三次修改：无罪推定的提升

党的十八大以来，刑事诉讼领域的司法改革进一步加快，如何强化对司法改革的法治引领至关重要，做好改革工作意义重大。2018年10月对刑事诉讼法进行第三次修改，就是为了适应我国正在进行的监察体制改革、速裁程序改革和认罪认罚从宽制度改革等改革试点的需要，及时将改革试点中行之有效的经验通过立法的形式予以确认，以回应刑事司法领域出现的一些问题。不管是速裁程序改革试点、认罪认罚从宽制度改革试点还是人民陪审员制度改革试点，抑或监察体制改革试点，都是在全国人大常委会的授权下开始，相关改革试点的内容需要向全国人大常委会报告，以保证改革在法治的框架下进行。

一、2018年刑事诉讼法第三次修改的时代意义

首先，2018年刑事诉讼法的修改体现了司法改革试点工作和立法完善的有机衔接。无论是认罪认罚从宽制度还是速裁程序，在2018年刑事诉讼法修改前都已经开展了一段时间的试点工作。将试点成果与经验及时上升为法律，是科学立法、民主立法的重要方式。通过试点总结经验，最后上升为法律也是中国特色社会主义法治发展的一种路径。

其次，体现了解放思想与制度创新。通过这次修改，我国刑事诉讼法新增了几个程序，使刑事诉讼中的特别程序更加丰富。特别是认罪认罚从宽制度，它改变了原有的诉讼模式，使被告人认罪与否成为程序选择的一个新标准。诉讼活动按照被告人认罪还是不认罪来进行，是我国诉讼程序的重大改变，也是当今世界普遍采用的，充分说明我国刑事诉讼制度的发展与国际惯例是相向而行，而非背道而驰的。认罪认罚从宽制度不仅可以节约司法资源，而且能够鼓励被告人认罪认罚，可以更好地达到刑罚的效果。此外，缺席审判程序也是一个重要的创新，符合与犯罪做斗争的实际需要。

最后，加强了刑事诉讼中人权与诉权的保障。具体表现为强调律师的作用，不仅在认罪认罚从宽制度当中要求保障律师的有效参与，而且在缺席审判程序中被告人的近亲属也可以为被告人聘请律师。2018年刑事诉讼法对诉权的保障、对律师作用发挥的重视是前所未有的，体现了辩护律师在我国法治建

设中的作用在增强,体现了国家对人权司法保障更加重视。

二、认罪认罚从宽制度与无罪推定的关系

认罪认罚从宽制度经历了从萌芽到试点、逐步推行并最终出台立法成果的过程。党的十八届三中全会、四中全会对深化司法体制改革做出全面部署,明确了具体任务。认罪认罚从宽制度改革是贯彻落实全面依法治国基本方略的一项具体司法改革任务,体现了全面深化改革的方法论要求。认罪认罚从宽制度司法改革推进过程有以下几个特点。

首先,体现了创新性。比如这一制度在推进过程中,全国人大常委会于2014年和2016年进行了两次专门授权。在我国司法体制改革推进过程中对一项司法改革任务进行专门法律授权是开了先河的。

其次,体现了系统性。认罪认罚从宽制度本身就是一项涉及实体和程序的综合、系统性的法律制度,是坦白从宽刑事政策制度化、规范化、体系化的具体体现。

最后,体现了理论和实践相结合。对于认罪认罚从宽制度,刑事诉讼法学界的专家学者从理论层面进行了广泛深入的探讨,并在实践层面在全国人大常委会授权下分两个阶段开展了4年的相关试点工作。18个试点城市积累了一批可复制、可推广的实践经验,围绕防范权钱交易、刑讯逼供等问题提出了针对性的举措。

以认罪认罚从宽制度为基础确立的速裁程序,使案件在侦查、审查起诉和审判环节全流程提速,实现了快侦、快诉、快判,在有效惩罚犯罪的同时,更好更快地修复了受损害的社会关系。但是在快速提升效率的同时,也存在诸多需要后续不断完善和解决的问题,其中最受关注的便是认罪认罚"自愿性"的保障。

任何人不被强迫自证其罪是无罪推定的基本内核之一,我国刑事诉讼法对此也做出了明文规定,但其覆盖范围不应局限于证据制度,而应渗透到刑事诉讼法一切相关制度之中。对于认罪认罚从宽制度而言,能否保障被告人认罪认罚的"自愿性"是这一制度是否符合无罪推定基本精神的重要判断标准,也是这一制度是否具有正当性的关键所在。因此,在侦查阶段是否建立相应的快速办案的认罪认罚配套机制;在审查起诉阶段检察机关量刑建议的提出是否需要有标准化、规范化的量刑指南做参考;在审判阶段坚持以审判为中心,对被告人认罪认罚的知悉性、自愿性、真实性进行实质性审查,在听取被告人、辩护人意见的同时,是否根据法庭审查需要进一步听取值班律师的意见等,都是认罪认罚从宽制度需要进一步研究和完善的问题。

三、控辩平等与无罪推定的关系

控辩平等是被追诉人辩护权得以保障并有效行使的关键,也是无罪推定中"以人为本"的精神内核,保障人权的基本理念在刑事司法程序中的体现。1996年刑事诉讼法修改便吸收了无罪推定的基本精神，在辩护制度上表现为扩张了律师辩护权，在审查程序中表现为初步形成对抗式诉讼模式。2012年刑事诉讼法修改进一步完善了辩护制度，2018年刑事诉讼法修改在2012年刑事诉讼法的基础上继续通过具体法条的微调推进控辩平等。

2018年刑事诉讼法第120条规定："侦查人员在讯问犯罪嫌疑人的时候，应当告知犯罪嫌疑人享有的诉讼权利，如实供述自己罪行可以从宽处理和认罪认罚的法律规定。"这意味着侦查机关在侦破案件的方式上也可能会因此而有所调整。除了对侦查机关的上述规定外，2018年刑事诉讼法第173条、第190条也规定，人民检察院在审查认罪认罚案件时、人民法院在开庭审理认罪认罚案件时，都应当告知犯罪嫌疑人、被告人享有的诉讼权利和认罪认罚的法律规定；人民检察院还应当听取和记录犯罪嫌疑人、辩护人或者值班律师、被害人及其诉讼代理人关于"涉嫌的犯罪事实、罪名及适用的法律规定""从轻、减轻或者免除处罚等从宽处罚的建议""认罪认罚后案件审理适用的程序""其他需要听取意见的事项"这四个方面的意见，并"应当提前为值班律师了解案件有关情况提供必要的便利"；审判长则应当"审查认罪认罚的自愿性和认罪认罚具结书内容的真实性、合法性"。同时，2018年刑事诉讼法第176条规定："犯罪嫌疑人认罪认罚的，人民检察院应当就主刑、附加刑、是否适用缓刑等提出量刑建议，并随案移送认罪认罚具结书等材料。"根据上述一系列规定，正因为2018年刑事诉讼法确立了认罪认罚从宽制度，为确保认罪认罚案件中被追诉人的辩护权，立法对侦查机关、检察机关、审判机关的职能都做了适当的调整，增加了关于值班律师权利的相关规定。其中既包括公、检、法三机关都有的告知义务以及为值班律师了解案件有关情况提供必要的便利的义务，也包括检察机关独有的听取和记录犯罪嫌疑人、辩护人或者值班律师等的意见和根据犯罪嫌疑人的认罪认罚情况提出量刑建议的义务，审判机关独有的审查被告人认罪认罚的自愿性和认罪认罚具结书内容的真实性、合法性的义务。根据2018年刑事诉讼法第201条规定，人民法院在人民检察院的量刑建议无明显不当的情况下，一般应当采纳人民检察院指控的罪名和量刑建议。这既体现出控辩双方在认罪认罚案件中具有较高程度的合作，同时也在相当大程度上体现出审判机关对控辩双方合意的尊重，而合作的顺利进行和合意的最终达成是建立在控辩平等的基础上的。[①]

四、缺席审判程序与无罪推定的关系

在现代刑事审判中，被告人出庭是公正审判的要求，缺席审判只是一种例外的审判方式，只有在法律明确规定的特殊情形下方可适用。适用缺席审判必须具有正当性。出庭接受审判不仅是被告人的义务，同时也是其权利，保障被告人全程参与诉讼的亲历性正是无罪推定的基本精神"正当程序"在审判程序中的体现。

---

① 王敏远：《认罪认罚从宽制度中的重点、难点问题》，《人民司法》2019年第10期。

"正当程序"也称"正当法律程序"，是指为了保证司法活动的公正性，保护诉讼活动涉及的每一个人，包括犯罪嫌疑人和被告人的生命权、自由权、财产权、隐私权等合法权利免受非法干涉的一系列程序性规则。根据正当法律程序，国家有关部门在行使刑事司法权力，特别是对个人的权利加以限制或剥夺时，应当严格按照相关法律规定的程序进行。正当法律程序是人类司法活动长期经验总结的产物，得到联合国相关国际公约的认可，表现为现代法治国家司法程序的一系列规则，具有正当性和合理性。我国缺席审判制度的建立也需要遵循正当法律程序原则。这需要先明确适用缺席审判程序的被告人享有哪些特殊的权利以及如何通过正当且合理的程序予以保障。司法机关对被告人适用缺席审判程序首先应当具有正当理由，其次还需要根据相关国际准则保障被告人的知悉权、辩护权、重审权等特殊权利。

缺席审判被告人的知悉权一般是指被告人在开庭前有权知晓对自己进行的审判的时间、地点以及指控自己的罪名和主要事实、证据材料等。缺席审判的正当性主要源于被告人自愿放弃出庭权，而自愿放弃出庭权的前提是被告人接到有关开庭信息以及被指控事由的通知。

缺席审判意味着被告人不在场，对于被告人辩护权的保障也是该程序正当性的评估标准之一。缺席审判中被告人不能通过亲自到庭发表意见的方式为自己辩护，因此委托辩护人或由法律援助机构指派律师进行辩护显得更为重要。"欧洲人权法院指出，应当确保缺席被告人获得律师的帮助，律师仅在庭审时在场不足以保障被告人辩护权。被告人被以适当的方式传唤后仍然不出庭也不构成对其辩护权予以剥夺的正当理由，即便被告人就其缺席没有给出任何理由。即使立法机关必须要有能力阻止不正当的缺席人，也不能通过将缺席审判设定为排除法律援助的情形来惩罚他们。"①

从我国刑事诉讼法三次立法修改的重大活动中，可以清楚地感受到无罪推定正逐渐渗透到诉讼程序构建的每一个细节之中，在最细微处都能够感受到无罪推定的流淌和渗透。无论是在证据制度中，还是在权利保障中，抑或是在程序对权力运作的规制中，都可以看到无罪推定所蕴含的"以人为本""正当程序"等基本精神对我国刑事司法制度构建和司法实践的影响。就正在经历国家权力合法性基础调整和刑事司法体制转型的中国而言，以无罪推定为基石的法治型诉讼模式是我们的目标，但是通往目标的道路却十分崎岖，仅从无罪推定在我国确立的艰难和反复便可见一斑。必须承认，无罪推定的确立和贯彻程度是我国刑事诉讼模式转型是否成功的判断标准，决定了刑事诉讼程序为国家刑罚权运作所能够提供的合法性支持，也决定了诉讼程序对国家权力约束的程度。从无罪推定在我国逐渐确立的过程来看，学术层面自然是首要的，接着便是立法层面，继而到实践层面，三个层面相互影响又层层递进，在递进的过程中遇到的阻力自然也越来越大。历经三次立法修改后，我国刑事诉讼法中体现无罪推定基本精神的制度和程序越来越

---

① 杨宇冠、高童非：《中国特色刑事缺席审判制度的构建——以比较法为视角》，《法律适用》2018年第23期。

体系化，但是从立法到实践仍有很长的距离，且随着我国法治社会建设的不断深入，数字经济的快速发展，各种新型犯罪的涌现，恐怖主义活动的蠢蠢欲动，给我国刑事司法实践带来诸多新问题。如何在处理这些新问题的过程中贯彻无罪推定成为当下我国法学界和司法实务界必须思考的问题。

第五章　无罪推定在我国的践行与面临的挑战

随着无罪推定确立必须具备的两大理论基础的逐渐形成，无罪推定获得了学界的普遍推崇和立法的初步确立，但是它最终能否得到落实则取决于司法层面对无罪推定的接受和践行。为了分析无罪推定在我国司法实践中的贯彻程度和效果，笔者选取了我国1996年刑事诉讼法修改和2012年刑事诉讼法修改前后具有代表性的刑事案件，对其诉讼过程进行深入的个案分析，从而揭示出我国司法实践层面有罪推定与无罪推定的激烈交锋，最终无罪推定如同穿透云层的阳光，将充满希望的光芒洒向中华大地。

第一节　1996年刑事诉讼法修改前后无罪推定的践行

1996年刑事诉讼法修改是我国从有罪推定向无罪推定迈进的重大转折点。从学术史的角度来说，学界终于彻底摆脱了阶级论和认识论等研究方法的束缚，就我国应当在立法中确立无罪推定基本达成共识，并对无罪推定本土化展开了深入讨论。遗憾的是，1996年刑事诉讼法所确立的体现无罪推定精神的相关条文在实施过程中却阻力重重，效果并不理想。立法与司法实践在无罪推定的问题上严重脱节，一方面是立法内容本身模糊的原因，另一方面则是因为当时司法机关对无罪推定相关条文的贯彻并不到位，无罪推定对国家刑罚权运作的约束在当时未能具体化为对司法机关权力行使的约束。

一、三起冤案先后演绎"亡者归来"

进入21世纪以来，我国媒体披露了一系列震惊全国的刑事冤案，佘祥林、杜培武、聂树斌、岳兔元，这一个又一个看似普通的名字背后都有着常人难以想象的冤屈和伤痛。这些冤案基本上都发生在1996年刑事诉讼法修改前后。在立法趋于确立无罪推定的背景下，这些冤案的发生让人们不得不将关注点放在司法实践上，放在行使国家权力的执法机关身上。

冤案一：滕兴善故意杀人案

1987年4月27日，有人在湖南省麻阳县城的锦江岸边发现一具已被肢解的女尸。警方通过排查的结果、体貌特征和血型鉴定，认定死者是从贵州省松桃县来当地广场旅馆打工并失踪一个多月的石小荣。经过几个月的调查访问和摸底排队，侦查人员主要根据凶手肢解尸体的手法比较专业这一线索，将家住县城对面的马兰村屠夫滕兴善锁定为嫌疑人。12月6日，侦查人员将滕兴善收容审查。滕兴善一开始不承认杀人,但是连续几天的审讯之后,他认罪了。滕兴善交代了杀害石小荣的经过之后,侦查人员带着他去提取作案工具。按照侦查人员的要求,他在自家指认了一把刀,又到弟弟家指认了一把斧头。侦查人员给他照了相,然后带着他和凶器回到公安局,宣告破案。

1988年10月26日,检察院做出了就滕兴善故意杀人案提起公诉的决定。12月13日,怀化地区中级人民法院在麻阳县人民法院的审判庭公开审理滕兴善故意杀害石小荣一案,判决被告人滕兴善犯故意杀人罪,判处死刑,剥夺政治权利终身。1989年1月19日,根据最高人民法院依法授权高级人民法院核准部分死刑案件的规定,湖南省高级人民法院核准了该案的死刑判决。1月28日,滕兴善被执行死刑。

1994年冬天,麻阳县城广场旅馆的经理到贵州省松桃县做生意,偶然得知石小荣还活着。回到麻阳后,他把此事告诉了滕兴善的大哥,但后者认为此事不宜声张。2004年初,在外打工的滕兴善的女儿回家过年,得知此事,决心去申诉。在律师的帮助下,她把申诉材料提交给湖南省人民检察院。湖南省人民检察院控申处的检察官经过长达一年的走访调查,确认滕兴善故意杀人案中的石小荣没有死亡。2005年6月13日,湖南省人民检察院向湖南省高级人民法院发出启动再审的检察建议书,并移送了该院复查时收集的相关证据。10月25日,湖南省高级人民法院依照审判监督程序对滕兴善故意杀人案做出再审判决,宣告原审被告人滕兴善无罪。①

冤案二：佘祥林杀妻案

佘祥林,1966年3月7日出生于湖北省京山县,原系京山县公安局马店镇公安派出所治安巡逻队队员。

1994年1月20日晚,佘祥林之妻张在玉从家中失踪。同年4月11日,京山县雁门口镇吕冲村水库发现一具无名女尸,经法医鉴定系他杀。无名女尸经张在玉的亲属辨认为张在玉。1994年4月22日,京山县公安局以佘祥林涉嫌故意杀人将其刑事拘留。4月28日,经京山县人民检察院批准对其执行逮捕。1994年8月28日,原湖北省人民检察院荆州分院以佘祥林犯故意杀人罪对其提起公诉,原荆州地区中级人民法院做出判决,认定佘祥林犯故意杀人罪,判处其死刑,剥夺政治权利终身。佘祥林不服一审判决,提起上诉。

湖北省高级人民法院审判委员会讨论后一致认为,认定佘祥林犯故意杀人罪缺乏证据,并指出：(1)佘祥林的交代前后矛盾、时供时翻。间接证据无法形成锁链,仅凭佘祥林有作案时间、作案动机以及法医鉴定,不足以定案。(2)佘祥林做有罪供述时,供述的作案方法多达四五种,内容各不相同,仅选择其中一种认定不妥。(3)该案凶器没有找到,仅凭佘祥林的口供认定凶器是石头,依据不足;佘祥林供述将张在玉换下的衣物放在家中灶里烧毁,既无残片,又无证人证言佐证,衣物去向不明。(4)张在玉患精神病没有医生诊断证明,即使有人

---

① 何家弘：《死刑的证明》,《人民法治》2016年第8期。

证实其患病无出走习惯，也不能否定张在玉自行或跟随别人出走的可能性。(5)原审定罪量刑的最重要依据是公安机关出具的提取笔录，该笔录记载"4月16日根据被告人佘祥林的交代在沉尸处提取蛇皮袋一个，内装四块石头"。但从案卷材料看，佘祥林在1994年4月16日以前并未供述用蛇皮袋装四块石头沉尸。因此，公安机关出具的提取笔录与事实不符，不能作为证据使用。鉴于此，湖北省高级人民法院做出裁定，以原审事实不清、证据不足为由将此案发回重审，并将存在的问题函告原荆州地区中级人民法院。

原荆州地区中级人民法院依照当时刑事诉讼法的规定，于1995年5月8日和1996年6月28日两次以事实不清、证据不足为由将案件退回检察院补充侦查。但检察机关未补充新证据。1996年12月29日，由于行政区划的变更，京山县划归荆门市管辖，此案交京山县检察院办理。1998年3月31日，京山县人民检察院以佘祥林犯故意杀人罪向京山县人民法院提起公诉。京山县人民法院认定佘祥林犯故意杀人罪，判处有期徒刑15年，剥夺政治权利5年。佘祥林不服，提起上诉。荆门市中级人民法院裁定驳回上诉，维持原判。佘祥林在上述裁判生效后，被投入沙洋农场劳改。2005年3月28日，佘祥林之妻张在玉突然返回京山县雁门口镇，京山县法院闻讯后派人进行调查，并做了调查笔录。公安机关也及时通过DNA鉴定，证实了其身份，并向法院出具了证明，证实回来的女子确为张在玉本人。据张在玉陈述，当年因与佘祥林经常发生争吵，后来索性离家出走（如何出走的记不清楚了），现因想家返回探亲。

荆门市中级人民法院于2005年3月30日做出裁定，撤销原裁判，发回京山县人民法院重新审判。京山县人民法院重新组成合议庭，对佘祥林案件进行了公开开庭审理，宣告佘祥林无罪。①

冤案三：赵作海杀人案

赵作海，出生于河南省柘城县，住柘城县老王集乡赵楼村。

1998年2月15日，被害人赵振响的侄子赵作亮、赵作印到柘城县老王集派出所报案称：其叔赵振响于1997年10月30日晚无故失踪，与其叔关系最好的同村村民赵作海在赵振响失踪时脸上有伤，且赵作海对其脸伤的形成原因说谎话，怀疑其叔的失踪与赵作海有关。1999年5月8日，赵楼村在村西淘井时从井中打捞出一具无头、无四肢的男尸，遂向柘城县公安局报案。刑警大队通过调查访问得知附近村庄赵楼村村民赵振响于1997年10月30日失踪，于是围绕赵振响的失踪展开调查，并根据赵作亮、赵作印的反映材料，将赵作海列为重大嫌疑人。经审讯，赵作海供述了杀害赵振响的犯罪事实。1999年5月9日，因涉嫌故意杀人赵作海被柘城县公安局刑事拘留，6月19日被依法逮捕。

商丘市中级人民法院以故意杀人罪判处赵作海死刑，缓期两年执行，剥夺政治权利终身。河南省高级人民法院核准了赵作海的死缓判决。

2010年5月6日，商丘市中级人民法院报告河南省高级人民法院，赵振响又回到了村中，请求河南省高级人民法院审查

---

① 陈旗、陈兴良：《湖北佘祥林案件的反思与点评》，《中国法律评论》2014年第2期。

处理。在得知"亡者归来"后,河南省高级人民法院于5月8日启动再审程序,核实相关证据,做出再审决定,采取赔偿措施。5月9日上午,河南省高级人民法院向赵作海送达了再审判决书,宣告赵作海无罪,赵作海被无罪释放。[①]

以上三起案件一起发生在1979年刑事诉讼法尚在适用的80年代末期,一起发生在接近1996年刑事诉讼法修改时,一起发生在1996年刑事诉讼法修改之后,时间差距虽然不大,但国家刑罚权运作模式的转变却是巨大的。无罪推定从1979年刑事诉讼法中如豆般微弱的油灯之光变成了1996年刑事诉讼法修改后照亮黑暗的明月之光,其基本精神在立法中得到了一定程度的体现,但随之而来的却是在司法实践中的无奈与尴尬。这三起案件先后演绎了"亡者归来"的故事,背后的原因究竟是什么?

二、无罪推定未能内化为司法机关权力行使的约束

司法机关作为国家刑罚权的具体实践者,无罪推定对刑罚权的约束最终必定会内化为对司法机关权力行使的约束,并且以培养司法机关工作人员的理性思维能力及保障公民人权的意识为最终目的。司法机关作为国家刑罚权的行使者,对无罪推定的接受度决定了该原则在司法实践中的落实程度。从以上三起冤案的诉讼过程来看,当时司法机关工作人员的种种行为都

[①] 王韶华、袁小刚、陈兴良:《赵作海案的反思与点评》,《中国法律评论》2014年第2期。

表现出了对无罪推定基本精神的背离,也因此导致多起冤案的"生成过程"极为相似。

(一)屡禁不止的刑讯逼供

刑讯逼供是刑事诉讼场域中国家权力运作最为野蛮的体现,同时也是国家权力对公民权利最彻底的摧残,而无罪推定最早便是作为先进思想家鞭挞刑讯逼供行为的有力武器而产生的。贝卡里亚在《论犯罪与刑罚》中,对当时政府的刑讯逼供行为予以抨击并将无罪推定作为对策进行推崇。无罪推定天生便是刑讯逼供的"克星",它对刑事诉讼场域中国家权力运作的约束最典型的体现便是对刑讯逼供的彻底否定。因此,从一国刑事司法中刑讯逼供的有无及严重程度可以折射出无罪推定在刑事司法中是否得到贯彻。我国被曝光的众多刑事冤案中,几乎每一个背后都有刑讯逼供的阴影,几乎每一个含冤的"罪犯"都遭受了惨无人道的折磨。即使国家权力合法性基础已经朝着"民主法治"转变,国家权力的运作模式也并没有本质的改变。

有学者曾经就轰动我国的20起刑事冤案进行实证研究,发现有多达19起案件,也即95%的案件存在刑讯逼供,只有1起案件不存在刑讯逼供。[①]毫不夸张地说,刑讯逼供正是我国刑事冤案产生的温床,是有罪推定的典型体现。虽然立法和社会道德都对刑讯逼供予以否定,1996年刑事诉讼法修改后更是通过确立非法证据排除规则以禁止刑讯逼供行为,但是它却

---

① 陈永生:《我国刑事误判问题透视——以20起震惊全国的刑事冤案为样本的分析》,《中国法学》2007年第3期。

依然是侦查人员破案的"撒手锏"。以上三起案件，虽然发生的时间不同，但是冤案的产生过程却大同小异。当侦查机关将焦点对准被追诉人时，其实已经认定其为罪犯。在有罪推定的左右下，接下来侦查机关要做的只不过是收集能够支持这一看法的证据，即有罪证据。即使在收集证据的过程中有所发现，也难以改变最初的有罪认定。这样的案件经常疑点重重，事实不清、证据不足，很难进入下一个环节。因此，侦查机关需要获得最重要的直接证据——犯罪嫌疑人、被告人的口供。有什么证据能够比自己承认罪行更有证明力呢？显然，没有人会轻易地承认自己的罪行，不论其是否冤枉，因此刑讯逼供便成为侦查机关的首选，并最终在口供的有力支持下定罪量刑，这便是我国司法实践中最典型的有罪推定和"口供中心主义"。

在司法实践中，一切的侦查都围绕着如何获取被告人和犯罪嫌疑人的口供，口供成为侦破案件的"捷径"。尤其是在缺乏直接证据的情况下，犯罪嫌疑人和被告人的口供能够在最短的时间内结束案件的侦查。"口供中心主义"导致司法实践中刑讯逼供泛滥。1996年刑事诉讼法在吸收无罪推定基本精神的基础上确立了非法证据排除规则，然而该规则仅仅是一个原则性的规定，过于含糊，因此不具有操作性，对司法实践中国家权力泛滥导致的刑讯逼供行为难以发挥作用。立法与司法实践明显脱节，根本原因在于司法机关尚未内化无罪推定的基本精神。立法的不明确使对国家权力的立法限制在实际操作中被巧妙地回避，导致相关法律规定在实践中被边缘化。因此，在1996年刑事诉讼法修改前后，并没有改变过去司法实践中国家权力惯用的运作模式,无罪推定的基本精神也仅仅停留在纸面上。

(二)过度依赖口供,忽视无罪证据

1996年刑事诉讼法第43条规定:"审判人员、检察人员、侦查人员必须依照法定程序,收集能够证实犯罪嫌疑人、被告人有罪或者无罪、犯罪情节轻重的各种证据。"这一规定体现了我国法律对司法人员树立无罪推定观念,严禁先入为主、有罪推定的要求。在司法实践中,侦查人员一旦先入为主,对犯罪嫌疑人、被告人做出了有罪推定,就往往只重视有罪证据而忽视甚至无视对犯罪嫌疑人、被告人有利的无罪证据,往往只重视口供或证人证言这些直接证据而忽视了对其他间接证据的收集和分析,从而轻易地放过了发现案件事实的机会。

在案件现场往往会遗留下大量的痕迹、物品等实物证据,虽然不能像口供或者证人证言这些直接证据那样帮助侦查人员迅速定位犯罪嫌疑人,但是对于认定案件事实同样有极为重要的作用。对这些实物证据进行科学的收集、鉴定和分析同样可以获得充分、精确的案件信息。但是从曝光的多起刑事冤案中不难发现,侦查人员对于现场的实物证据并不太重视,更谈不上运用先进的科技侦查手段进行鉴定和分析了。在面对许多明显相互矛盾的证据时,侦查人员并没有对矛盾之处进行深入分析和思考,以致许多在"局外人"看来显而易见的错漏,却被侦查人员有意无意地忽略了。此外,有的案件原本通过DNA鉴定可以获得更为准确的信息,侦查人员却只进行了血型鉴定并以此为据确定了犯罪嫌疑人；还有的案件本应进行足迹、指纹等鉴定，但办案人员都忽略了。侦查人员对其他种类证据的忽视与对口供的强烈依赖形成了鲜明的对比，对无罪证据的轻视与对有罪证据的坚持形成了鲜明的对比。

以上三起案件的共同点让我们看到了刑事诉讼场域中立法对无罪推定基本精神的吸收并没有对司法实践产生实质性的影响。作为一种国家权力自我约束和谦抑的意识，无罪推定未能在我国刑事司法领域推行。在具体的案件办理过程中，执法机关对无罪推定仍有抵制，通过立法修改虽然有所改善，但是外在强制若不能转变为内在自制，便无法确保无罪推定的实现。从无罪推定在我国司法实践中所遭遇的困境，可见在这一问题上出现了理论话语体系、制度构建体系和司法实践体系的断裂，学术上"自言自语"，立法上态度不明，最终实践中便难以推进。从社会对以上冤案的巨大反响，又让我们看到国家权力合法性基础的调整正对我国社会产生积极的影响，意味着我国正逐渐具备无罪推定得以确立和践行所必需的基础条件。

第二节　2012年刑事诉讼法修改前后无罪推定的践行

党的十八大以来，在习近平新时代中国特色社会主义思想指引下，在全面依法治国的大背景下，刑事法治进步巨大、亮点纷呈。2013年，新修订的刑事诉讼法及司法解释生效实施，充分彰显了庭审的功能；中央政法委出台首个《关于切实防止冤假错案的指导意见》，针对执法司法中存在的突出问题，要求法官、检察官、人民警察在职责范围内对办案质量终身负责，并建立健全冤假错案责任追究机制；最高人民法院召开第六次全国刑事审判工作会议，对"两法"实施、死刑适用、纠正冤假错案和刑事司法改革进行全面部署。2013年以来，最高人民法院指导下级法院依法纠正数十起重大刑事冤错案件和多起涉产权刑事错案。我国在刑事司法中一直坚持"有过必纠，有错必改"，通过审判监督程序平反冤案错案的工作也一直在进行。但是却有学者撰文指出，长期以来我国冤案平反都只看事实不看证据，因此除非是"亡者归来"或者"真凶落网"两种极端的情况出现，才能让司法机关决定启动审判监督程序。[①]这意味着我国审判监督程序的启动乃至最终推翻原生效判决都建立在有明确事实依据的基础之上，单纯的"事实不清、证据不足"极难启动再审程序。但是以2012年刑事诉讼法修改为起点，这一时期我国冤案错案的平反工作呈现出与过往较为明显的不同，出现了多起因"证据不足、事实存疑"而推翻原生效判决，改判为无罪的案件，其中最具代表性的便是念斌投毒案和于英生故意杀人案。从这两起代表性案件的平反过程和结果可见看到"疑罪从无"已经从字面上的条文逐渐成为司法实务中践行的基本原则。

---

① 闫文博：《错案难翻：司法纠错的历史经验与逻辑》，《河北法学》2017年第12期。

一、念斌投毒案的基本情况和司法价值

念斌，1976年7月21日出生，福建省平潭县澳前镇人，是名杂货店个体户。

2006年7月，福建省福州平潭县澳前镇澳前村陈炎娇、丁云虾两家人用餐之后，多人同时中毒，丁云虾一对儿女抢救无效死亡。事后警方检验显示，两人系氟乙酸盐鼠药中毒，认为其邻居念斌存在重大作案嫌疑。2006年8月7日，念斌被公安人员带走。2006年10月11日，平潭县公安局以念斌犯故意杀人罪将案件移送平潭县检察院审查起诉。2006年11月6日，平潭县检察院以被告人念斌涉嫌投放危险物质罪转至福州市检察院审查起诉，福州市检察院受理后退回补充侦查一次。2007年1月8日，平潭县检察院再次将此案移送福州市检察院审查起诉，其间福州市检察院依法延长审查期限15日。2007年2月6日，福州市人民检察院以念斌犯投放危险物质罪向福州市中级人民法院提起公诉。2007年3月，福州市中级人民法院开庭审理了此案，念斌当庭翻供，表示其做出的有罪供述均是遭受了警方严重的刑讯逼供后承认的。2008年2月1日，福州市中级人民法院以投放危险物质罪判处念斌死刑立即执行，剥夺政治权利终身。念斌不服判决，提起上诉。2008年12月18日，福建省高级人民法院在开庭审理该案后，以"事实不清、证据不足"为由，撤销原判，将案件发回福州市中级人民法院重审。2009年6月8日，福州市中级人民法院再次以投放危险物

质罪判处念斌死刑立即执行，剥夺政治权利终身。念斌不服判决，再次提起上诉。2010年4月7日，福建省高级人民法院做出终审裁定，驳回上诉，维持原判，案件依法报请中华人民共和国最高人民法院进行死刑复核。2010年10月28日，中华人民共和国最高人民法院以"第一审判决第二审裁定认定被告人念斌投放危险物质罪的事实不清、证据不足"为由裁定不核准福建省高级人民法院维持死刑的裁定，并撤销福建省高级人民法院维持死刑的裁定，将案件发回福建省高级人民法院重新审判。2011年5月5日，福建省高级人民法院也撤销了福州市中级人民法院对念斌的死刑判决，该案件发回福州市中级人民法院重新审判。2011年9月7日，该案在福州市中级人民法院再次开庭审理。2011年11月24日，在没有新事实、新证据的情况下，福州市中级人民法院再次对念斌判处死刑立即执行，剥夺政治权利终身。念斌再次提起上诉。2014年6月，该案在福建省高级人民法院开庭审理。2014年8月22日，福建省高级人民法院做出终审判决，宣布念斌无罪，当庭释放。①

在平反念斌案的过程中，摆在司法机关面前的一个难题就是如何通过证据还原案件事实，一方面因为案件的主要证据是毒物鉴定，专业性极强，认定难度极大。另一方面则因为时隔数年，受案发时公安勘查活动所限，现场证据灭失难以恢复。为了克服以上难题，法院首次批准引入"专家辅助人"对案件中的专业性问题进行鉴定，这是念斌投毒案的重大突破。正是

---

① 潘修平、文潇潇、许访等：《最新司法冤案、悬案揭秘》，中国政法大学出版社2015年版，第225—226页。

专家辅助人通过分析侦查机关提交的质谱图发现死者检验物的质谱图与实验室的氟乙酸盐标准样品质谱图完全一致，这违反了科学检测的正常程序。后来，京、港两地的毒理专家分析后得出结论：现场物证的检验结论，均为未发现氟乙酸盐，没有证据支持氟乙酸盐在本案中使用过。正是这一结论决定了案件的最终方向。最终，福建省高级人民法院认定念斌案不符合"事实清楚、证据充分"的证明标准，不能排除合理怀疑，并根据"疑罪从无"的原则确定念斌无罪。这个过程是艰难的，但从中却可以看到无罪推定的基本精神正在我国司法实践中萌发。

二、于英生故意杀人案的基本情况和司法价值

于英生案是2013年中央政法委《关于切实防止冤假错案的指导意见》出台后，安徽省首例执行疑罪从无的案件。

于英生，1962年出生，原任蚌埠市东市区（现龙子湖区）区长助理。1996年12月2日上午，于英生之妻韩某被发现在位于蚌埠市蚌山区南山路的家中遇害。12月22日，于英生因涉嫌杀妻被依法批捕。经由蚌埠市人民检察院提起公诉，蚌埠市中级人民法院以故意杀人罪判处于英生无期徒刑，剥夺政治权利终身。于英生不服一审判决，向安徽省高级人民法院提起上诉，二审裁定维持原判。终审裁定生效后，于英生本人及其父亲和哥哥申诉长达10余年。

2013年5月31日，安徽省高级人民法院根据《中华人民

共和国刑法》第243条第1款之规定,决定对该案立案复查。6月27日,安徽省高级人民法院决定另行组成合议庭再审。同年8月13日,安徽省高级人民法院对于英生故意杀人案再审一案公开宣判,认为原审认定于英生故意杀害其妻韩某的事实不清、证据不足,不具有唯一性和排他性,判决宣告于英生无罪。①

在于英生无罪释放的案件中,司法机关的行动展现了对"疑罪从无"的坚定承诺。在重新调查的过程中,专案组不仅对原有证据进行了严谨的复查,而且通过科学手段获取了关键的DNA证据,这一过程充分体现了司法机关在面对疑点时不轻易定罪的专业精神。最终,犯罪嫌疑人武钦元的落网和定罪,不仅为受害者家属伸张了正义,也让社会公众树立了信心。

于英生案的审理,对于推动无罪推定在我国司法实践中深入实施具有重要意义。这一案件成为司法实践中疑罪从无原则得以贯彻的典范,展现了司法机关在追求真相的同时,对法律原则的坚守和对公民权利的尊重。

三、社会主义新时代无罪推定在我国司法实践中面临的新挑战

2013年以来,多起冤错案件的改判将无罪推定的种子播撒到中华大地上。习近平总书记提出的"努力让人民群众在每一个司法案件中感受到公平正义"。中央政法委书记郭声琨同

---

① 陈兴良:《于英生案的反思与点评》,《中国法律评论》2014年第2期。

志2020年1月17日在中央政法工作会议上提出要推进政法领域全面深化改革，推动中国特色社会主义政法工作制度更加成熟、更加定型，努力让人民群众在每一个案件中感受到公平正义。[1]2017年3月12日，最高人民法院院长周强在关于最高人民法院工作的报告中提出，依法保障被告人、被害人各项诉讼权利。坚持宽严相济刑事政策，该严则严，当宽则宽，确保罚当其罪。坚持罪刑法定、疑罪从无，保障无罪的人不受刑事追究。[2]从多个角度体现出无罪推定基本精神对刑事司法领域的影响，无罪推定在我国的影响不断扩大。

随着我国法治建设的不断深入，特别是在社会主义新时代背景下，刑事司法领域出现了显著变化。认罪认罚从宽制度作为刑事诉讼法的重要改革措施，其高适用率反映了司法效率的提升，同时也对无罪推定提出了新的挑战。在认罪认罚从宽制度下，被告人认罪认罚可能基于多种因素，如对法律后果的误解、对司法程序的不信任或是对刑期的期待等。这就需要司法机关在处理此类案件时，更加严格地审查认罪认罚的自愿性和真实性，确保被告人的辩护权不受侵害。例如，在一起网络诈骗案件中，被告人可能因为对网络技术不了解而轻易认罪，这时法官需要仔细审查被告人认罪的合理性和证据的充分性，避免因技术的复杂性而误伤无辜。

---

[1] 郭声琨在中央政法工作会议上强调坚持和完善中国特色社会主义政法工作体系为全面建成小康社会提供有力保障，中国司法部官网，https://www.moj.gov.cn/pub/sfbgw/gwxw/xwyw/ywzfyw/202103/t20210329_348295.html，2020年1月18日。

[2] 周强：认真贯彻总体国家安全观，依法惩罚犯罪、保障人权，新华网，http://www.xinhuanet.com//politics/2017lh/2017-03/12/c_129507748.htm?prolongation=1，2017年3月12日。

数字经济的兴起和大数据技术的广泛应用，为犯罪侦查提供了新的工具，但同时也带来了新的法律问题。例如，通过大数据分析预测出的犯罪风险，是否可以作为采取强制措施的依据？在区块链技术背景下，虚拟货币的匿名性和跨境性为洗钱等犯罪行为提供了便利，如何确保在打击这类犯罪的同时，不侵犯公民的财产权和隐私权？

面对这些新挑战，无罪推定的内涵可能需要重新解读。在数字时代，无罪推定可能需要与个人数据保护、网络安全等新兴法律领域相结合，形成新的法律规范和原则。例如，对于通过大数据分析预测出的犯罪风险，应当建立严格的法律程序和证据标准，确保不侵犯公民的基本权利。此外，司法机关在利用大数据进行犯罪预防时，应当遵循比例原则和必要性原则，防止权力的滥用。例如，可以设立独立的监督机构，对司法大数据的使用进行审查和监督，确保侦查行为的合法性和适当性。

总之，无罪推定在我国刑事司法实践中遇到的新问题和面临的新挑战，要求我们不断更新法律理念，完善法律制度，以适应时代发展的需要。通过制度创新和实践探索，我们可以确保在维护社会秩序的同时，更好地保护公民的基本权利，实现司法公正和法治进步。

第六章　数字时代无罪推定面临的挑战与机遇

在数字时代，无罪推定的践行受到了前所未有的挑战。网络信息技术的出现极大地改变了当前某些犯罪的作案工具、犯罪对象以及犯罪空间，为犯罪分子提供了更多的犯罪可能。换言之，大数据的出现改变了犯罪发生的物理环境。"数据化"致使犯罪不再受到必要空间和人口的限制，数字通信和电子商务的无形性大大增加了非法活动的可能性，同时抵消了常规预防措施和侦查手段的有效性。[①]电子数据，包括通信记录、位置数据、社交媒体活动等，为刑事侦查提供了丰富的信息源，对破获犯罪有极为重要的价值，但刑事司法活动中如何确保对这些数据的收集和使用在法律框架内进行则成为数字时代无罪推定在司法实践中面临的新挑战。一方面，电子数据的收集可以为案件侦破提供关键证据，帮助司法机关揭露和预防犯罪。通过分析大量数据，侦查人员能够追踪犯罪行为的模式，识别潜在的犯罪嫌疑人，并在必要时采取行动。另一方面，这种数据驱动下的侦查活动也可能导致公民的个人信息被过度收集和

---

① 程雷：《大数据侦查的法律控制》，《中国社会科学》2018年第11期。

分析，从而侵犯公民的隐私权。数字时代出现的种种新发展不仅从立法层面对刑事诉讼法产生了深刻的影响，同时也给无罪推定在我国刑事司法领域的贯彻落实带来新的挑战，需要我们在新的背景下继续探索无罪推定在我国推行的路径。[①]

第一节　我国刑事诉讼程序对公民个人信息保护的反思与完善

随着网络信息技术的发展，以及大数据获取信息的准确性和便利性，司法机关办案不可避免地要涉及电子证据，尤其是在某些新型的、重大的网络犯罪中，电子证据起着关键作用。在过去很长一段时间里，我国对公民的隐私权和个人信息权不够重视，在调查、侦查等执法过程中，为了尽快查明事实真相，执法人员常常囿于电子证据的关键作用而忽视了对个人信息权的保护，刑事侦查活动的强制性与个人信息保护之间一直存在张力。过去对刑事侦查权力的约束机制主要用于预防国家权力对公民人身、财产权利的侵害，如今在数字时代背景下，我们需要将目光放在强化刑事诉讼活动中个人信息保护上，这不仅是对国家机关处理个人信息权力的一种制衡，也是提升程序规范性的一个机遇。

[①] 谢登科:《论侦查机关电子数据调取权及其程序控制——以〈数据安全法（草案）〉第32条为视角》,《环球法律评论》2021年第1期。

一、我国刑事侦查活动中对公民个人信息保护的不足

（一）刑事侦查活动中保护个人信息的观念尚未树立

首先，在我国刑事侦查实践中，个人信息保护尚未形成独立的概念，2012年刑事诉讼法将个人隐私与国家秘密、商业秘密并列，虽然扩大了保护范围，但这些概念与个人信息的界定仍有差异。2016年，最高人民法院、最高人民检察院、公安部制定的《关于办理刑事案件收集提取和审查判断电子数据若干问题的规定》，列举了电子数据的四大种类。虽然电子数据与个人信息存在诸多重合之处，但个人信息的范畴更广，包括非电子形式的信息。我国数据立法持续推进，侦查程序却始终未能确立个人信息的独立客体地位，而是将之包裹在其他对象之中作为一种依附性的存在。这造成了个人信息保护的局限性，导致现行规制个人隐私、电子数据的制度难以直接套用于个人信息。

其次，在刑事侦查领域，对个人信息的处理尚缺乏针对性的程序规定。虽然刑事诉讼法对侦查活动中的个人信息收集行为有明确规定，但对个人信息的分析、存储等后续处理环节却鲜有涉及。这种"收集中心主义"倾向导致了对个人信息全流程保护的不完整性，尤其是在个人信息的分析和存储阶段，可能存在监管的空白。为了强化对个人信息的全面保护，法律应当扩展关注点，不仅规制信息收集行为，也要为信息处理的每个环节设立明确的法律指引，确保从收集到最终处理的每个步

骤都有相应的法律约束和监督，从而构建一个连贯且全面的个人信息保护机制。

最后，刑事司法活动中缺乏独立的个人信息保护理念。在个体层面，个人信息保护制度重在保障公民对个人信息的自主控制。"保障数据主体对个人数据的处理事务的自主、自治、自决，应是个人数据保护的应有之义。"①然而，个人信息的自主控制并未成为刑事诉讼价值序列的组成部分，在刑事侦查活动中追求信息自决利益显得十分奢侈。相反，在执法活动中强调个人信息的自主控制可能侵蚀国家机关的执法能力，干扰正常的取证进程。②在整体层面，塑造个人信息有序共享的法治格局是个人信息保护制度的题中应有之义。随着侦查模式从传统侦查、信息化侦查跃迁至大数据侦查、智慧侦查，个人信息处理的程度不断加深。然而，个人信息保护理念并未随之跟进，致使个人信息保护与处理的关系显著失衡。在刑事侦查活动中，个人信息保护理念并未与打击犯罪、保障人权的基本任务实现深度融合，办案人员甚至缺乏起码的个人信息保护意识。

（二）刑事侦查活动中对个人信息保护的相关立法尚未明确

一方面，我国立法在个人信息保护方面尚未针对刑事侦查活动制定专门的规范。国际上对于刑事诉讼中个人信息的处理呈现出多样化的立法模式。第一种是概括性排除模式，这种模

---

① 高富平：《个人信息保护：从个人控制到社会控制》，《法学研究》2018年第3期。
② 王锡锌：《国家保护视野中的个人信息权利束》，《中国社会科学》2021年第11期。

式下，刑事诉讼活动被认为超出了一般个人信息保护法律的适用范围，如欧盟GDPR（《通用数据保护条例》）第2条明确规定：本条例不适用于主管当局以预防、调查、侦查或起诉刑事犯罪，或者执行刑事处罚为目的的数据处理活动。[1]第二种模式通过专门条款对刑事诉讼中的个人信息保护进行详细规定，以适应刑事司法的特殊需要。例如，欧盟《2016/680指令》[2]对GDPR的相关规则进行调整改造，为刑事司法中的个人信息保护提供规范依据。英国2018年《数据保护法》[3]为了贯彻欧盟《2016/680指令》的要求也对刑事诉讼领域的个人信息保护进行专章规定。第三种模式在立法中区分私人和国家机关处理个人信息的情形，对后者在刑事司法中的信息处理进行概括性规定，以确保在刑事侦查活动中仍能保护个人信息。这些不同的立法模式反映了各国为在确保公共安全与保护个人隐私之间寻求平衡做出的努力。反观我国，无论是规范性文件还是学界的立法建议，均未将刑事侦查活动中的个人信息处理行为作为独立的规制对象，致使立法的专门性和针对性不足，个人信息保护的基本原则与具体规则难以辐射至刑事侦查领域，更没有结

---

[1] 吴俊、房祥静：《欧盟GDPR五年执法反思：成效、挑战与经验》，《上海交通大学学报》（哲学社会科学版）2021年3月第32卷。

[2] Directive (EU) 2016/680 of the European Parliament and of the Council of 27 April 2016 on the protection of natural persons with regard to the processing of personal data by competent authorities for the purposes of the prevention, investigation, detection or prosecution of criminal offences or the execution of criminal penalties, and on the free movement of such data, and repealing Council Framework Decision 2008/977/JHA, http://data.europa.eu/eli/dir/2016/680/oj.

[3] Data Protection Act 2018, https://www.legislation.gov.uk/ukpga/2018/12/contents/enacted.

合刑事侦查活动的特殊场景进行调整改造。

另一方面，刑事诉讼法中缺乏个人信息保护的专门性规定。虽然个人信息穿插于线索、材料、证据、卷宗之中，个人信息处理活动也贯串刑事诉讼的全流程，但保护个人信息并非侦查程序的目的，而只是发挥间接的制度功能。例如，5种强制措施的层级化设置确实在客观上发挥了防止概括性处理个人信息的附带性效果，但保护个人信息并非该程序的主观愿景。刑事诉讼法仅在第64条使用了"个人信息"的措辞，但目的在于保障相关人员的安全，而非加强个人信息保护。与专门的个人信息保护制度不同，侦查程序以平衡打击犯罪与保障人权作为制度预设，并不积极主动地保护公民对个人信息的自主控制。专门性规定的缺位导致刑事侦查活动中未能建立个人信息保护的常态化机制。例如，刑事诉讼法第152条规定必须及时销毁采取技术侦查措施获取的与案件无关的材料。然而，该条款的规制对象仅限于技术侦查活动和与案件无关的材料，而不规制其他存储个人信息的诉讼活动，以及与案件有关的证据材料。换言之，删除个人信息是例外情形下的特殊规定，而非常态化的运行机制。

二、我国刑事诉讼电子取证行为与公民个人信息保护的冲突——以社交媒体电子取证为视角

（一）社交媒体电子取证活动概述

社交媒体中的电子取证，就是指借助微信、微博、短视频

平台等互联网新媒体，以动态、私密的网络数据为核心内容进行电子信息收集和证据固定，为刑事侦查提供线索的活动。社交媒体电子取证不同于传统的电子取证，它是以社交媒体为媒介，通过对网络信息的收集、分析、整合等操作获取证据，并结合传统取证手段进一步固定证据。社交媒体电子取证不同于传统取证方法之处体现在以下几个方面。

1.物理存储介质取证

社交媒体数据是指手机、电脑等电子设备借用网络信号完成社交媒体平台数据传输与置换时，通过自载硬盘或外置移动硬盘缓存的海量数据。此类数据可能涉及用户社交通信录、网站账号密码、日程表、文本信息、个人文档、声音信息、电子邮件等。通常情况下，电子设备的硬盘处于独立状态，缓存的数据一般无须再通过网络信号传输即可获得。简单来说，物理存储的数据多为静态数据，保存在相对稳定的环境下，能够保障侦查机关获取较为完整的证据。同时，网络时代人机关联度空前紧密，人们对于移动设备的依赖增加了数据证据的真实性与充分性，物理存储介质取证已经成为一种常态化的取证手段。2004年，云南马某某故意杀人案，警方通过其电脑中保存的海南省交通与房屋买卖信息在海南将其抓捕；[①]2019年，许某"暗刷流量"交易案，侦查机关及时扣押嫌疑人的电脑、手机，结合被害人手机进行取证，发现双方微信交易需求及交

---

① 案件来源：(2004)云高刑复字第492号，马加爵故意杀人被判死刑案。

易记录，认定双方构成交易合同。①实践中，侦查机关对物理存储介质取证一般采用"扣押手机→手机送检→数据获取→数据刻录→出具检查笔录"的顺序进行。②其中，最典型且重要的取证手段就是镜像克隆与写保护。镜像克隆，指利用高性能的计算机设备，通过位对位完整复制嫌疑人硬盘的数据，保存到取证硬盘。写保护则是指利用写保护设备，保障数据的单向传输，以避免数据复写过程中改变数据源存储介质的情况发生。社交媒体取证的本质仍然是电子数据的获取，其首要和核心要求是"不能影响或篡改原始数据"。

2.逻辑编码存储取证

逻辑编码存储方式带有较强的专业性，是指将电子数据利用算法逻辑以数字编码方式分散保存于虚拟空间，如网盘、数据库、日志记录等。查看、检索这些电子数据一般需要在网络环境下进行，通常会涉及多台计算机设备或者移动终端，因此无法将设备全数扣押，犯罪嫌疑人有可能通过远程操作进行删除改换。此类数据多为动态数据，可能涉及日志、社交信息（如微信朋友圈）、语言评论（如网络暴力案件中的暴力言行）、电子邮件往来信息、网络金融转账等。逻辑编码存储取证涉及的数据格式复杂、数量众多、无序性强，对此类数据证据的提取，不但需要对多台计算机进行分析与解码，而且必须对网络环境有一定的了解与运用，典型的取证方式包括网络爬虫、大

---

① 案件来源：（2019）京0491民初2547号，北京互联网法院，常文韬诉许玲、第三人马锋刚网络服务合同纠纷案。
② 陈如超、刘圣运：《基层公安机关手机取证问题研究》，《山东警察学院学报》2021年第5期。

数据分析等。

网络爬虫是社交媒体网站数据采集的主要方式之一，它是一种自动浏览网络的程序或者智能型机器人，按照设定好的算法语言，分类整理网站中的涉案信息。大数据分析，指侦查机关根据用户在社交媒体的浏览记录等内容，对相关数据进行提取并统计分析的行为。在2019年上海陈某等非法转载影视作品至盗版影视资源网站，侵犯著作权罪一案中，侦查机关通过网络爬虫追查到盗版资源，并通过对日志和数据库的分析，提取到犯罪嫌疑人的IP地址。[①]

（二）传统取证方法在社交媒体电子取证中对公民个人信息保护的不足

针对网络犯罪案件，传统的刑事侦查取证方法，主要是通过公安机关与其他部门合作，共同对犯罪嫌疑人进行取证。根据刑事诉讼法第54条"有关单位和个人应当如实提供证据"的规定，有关单位和个人均有义务配合公安机关调查取证。在实践中，侦查机关通过要求社交媒体平台提供信息进行取证。但侦查机关要求社交媒体平台配合取证的过程中，不仅需要向社交媒体平台提供相关案情信息，还不可避免地需要由社交媒体平台对其获取的信息进行初步验证，并向公安机关提供相应的证明材料，以保证公安机关能够准确地认定被害人的身份。这就导致证据材料存在外泄风险，对案件的侦查和犯罪嫌疑人

[①] 案件来源：（2019）沪03刑初127号，上海市第三中级人民法院，陈力等侵犯著作权罪案。

的追捕造成相当大的影响。

为了防止公权力的扩张抑制私权利的行使,公权力的实施空间必定受限,如《中华人民共和国个人信息保护法》为实现严格保护个人敏感信息的目的,在第6条第2款强调"收集个人信息,应当限于实现处理目的的最小范围,不得过度收集个人信息"。而随着网络3.0时代的到来,社交媒体的发展也逐渐由传统的单向度"线性"传播模式向"互动、参与、共享"的"多元"传播模式转变,社交媒体涵盖的信息种类愈加多样。[1]侦查机关使用传统的取证方法进行社交媒体取证时,难免会对案件相关人员的计算机、手机等电子数据终端设备进行搜索、扣押,设备中存储的数据材料并非都是涉案材料,可能包含大量与案件没有关联的数据信息,甚至是个人隐私、公司机密或国家秘密。公安机关与网络平台配合取证时,向其提供的案情信息,容易让无关人员获取他人数据信息,存在侵犯隐私权和公共利益的嫌疑。

同时,对于第三方网络公司,如果需要配合工作的社交媒体平台信息验证能力不足,并未在第一时间对侦查机关所收集的信息进行验证,导致无法提供与案件有关的有效信息,或影响证据的真实性和可靠性,致使案件难以顺利侦破。或者,如果出现部分社交媒体平台对于侦查机关收集证据不予配合的情况,同样会导致侦查机关的取证工作存在一定困难。侦查机关

---

[1] See Karen Kent, Suzanne Chevalier. Guide to integrating forensic techniques into incident response, National Institute of Standards and Technology Special Publication (2006), p.2-1.

社交媒体取证"对于网络空间或者终端中电子数据的提取经常会涉及到技术侦查手段,尤其是其中的秘密侦查手段,比如远程监控、黑客攻击式取证等,通常是在当事人不知晓、且无第三人监督的情况下使用的"[①]。现行法律并没有规定在正常侦查过程中,因为程序或参与人员对个人信息造成侵害,当事人如何获得相应救济的内容,不利于当事人对取证工作的配合,阻碍案件侦查工作的进度。

三、构建我国刑事侦查活动中公民个人信息保护机制

个人信息保护法的实施为我国刑事侦查活动中公民个人信息保护提供了新的法律背景和研究基础,可以说是无罪推定在数字时代刑事诉讼法之外的另一个推进路径。它不仅有助于深化刑事侦查活动中公民个人权利保障的探讨,还促进了法律与技术领域的对话。基于此,可以从个人信息保护法出发,探讨如何在数字时代的刑事侦查活动中保护公民个人信息,从而加强对个人权利的法律保护,作为探寻数字时代无罪推定践行路径的创新尝试。

(一)个人信息保护法中关于刑事侦查活动中个人信息保护的内容

第一,个人信息保护法将侦查机关的个人信息处理活动作

[①] 尹鹤晓:《电子数据侦查取证程序研究》,博士学位论文,中国人民公安大学,2019年,第79页。

为规制对象。坐拥海量数据、推行全景监控、执掌数据权力的国家机关日渐成为侵犯公民个人信息的主体，需要相关规范予以规制。对此，个人信息保护法在第二章第三节专门设置了"国家机关处理个人信息的特别规定"，其中第33条规定："国家机关处理个人信息的活动，适用本法。"此处的"国家机关"理应涵盖负责刑事侦查的国家机关。第34条规定："国家机关为履行法定职责处理个人信息，应当依照法律、行政法规规定的权限、程序进行，不得超出履行法定职责所必需的范围和限度。"此处的"法律、行政法规"应当包括刑事诉讼法及其规范性解释。个人信息保护法改变了之前法律概括性排除的立法模式，并未将刑事侦查活动作为个人信息保护的例外，而是明确个人信息保护法能够约束侦查机关。并且，个人信息保护法的部分制度体现出了对于侦查活动的特殊"关照"，其中第35条规定："国家机关为履行法定职责处理个人信息，应当依照本法规定履行告知义务；有本法第十八条第一款规定的情形，或者告知将妨碍国家机关履行法定职责的除外。"自此，个人信息保护法为个人信息保护嵌入刑事侦查活动提供了规范前提与具体对策，两大话语体系之间具备了交互与融合的平台基础。

第二，个人信息保护法规定了侦查机关的个人信息保护义务。国家所负有的保护义务既是个人信息保护的宪法基础，也是个人信息受保护权的表现形式。[1]个人信息保护法对个人信

---

[1] 王锡锌：《个人信息国家保护义务及展开》，《中国法学》2021年第1期。

息的保护提出了一系列明确的要求和规定，旨在确保个人信息的安全和合法使用。该法不仅适用于私营企业和社会组织，同样适用于国家机关，包括侦查机关。在履行职责时，侦查机关必须承担起保护个人信息的国家义务，既包括避免成为侵犯个人信息的源头，也包括积极采取措施，加强对个人信息的保护。

首先，侦查机关应当认识到自己在执行侦查任务时可能会触及个人信息，因此必须遵守个人信息保护法中的各项规定，如告知义务、安全保障义务等，确保在侦查过程中不会无意识地侵犯公民的个人信息。这意味着在收集、使用个人信息时，必须明确告知信息主体，获取其同意，并采取必要措施保障个人信息的安全，防止数据泄露、滥用或丢失。其次，侦查机关应当积极履行义务，利用其在国家机关中的特殊地位和资源，推动制定立法层面、组织层面和技术层面的保障措施。在立法层面，侦查机关可以通过参与相关法律法规的制定和修订，为个人信息保护提供更加明确的法律依据和指导。在组织层面，侦查机关应当建立健全内部管理制度，指定专门的个人信息保护负责人，负责监督和管理个人信息的处理活动。在技术层面，侦查机关应当运用先进的技术手段，如加密技术、访问控制等，加强对个人信息的保护。此外，侦查机关还应当定期进行个人信息保护影响评估，以评估其活动可能对个人信息安全造成的风险，并根据评估结果采取相应的风险控制措施。一旦发生个人信息泄露事件，侦查机关应立即启动应急预案，及时通知受影响的个人和相关监管机构，采取措施减轻损害，并向社会公众通报情况，确保透明度和公众的知情权。

（二）以个人信息保护法为基础完善刑事侦查活动中个人信息保护机制

个人信息保护法作为个人信息保护的"领域法"，采用"一体调整"[①]的立法模式，同时规制私人主体与国家机关的个人信息处理活动。因此，虽然该法在宏观理念与规范依据上能够与刑事侦查交互融合，但是具体的程序设计仍然需要结合侦查程序的场景特点。对此，可以个人信息保护法现有立法内容作为刑事侦查活动中个人信息保护的规范支撑和时代语境，回应数字时代刑事司法中"保障人权""以人为本"的无罪推定的诉求，构建刑事侦查阶段个人信息保护的实施机制，以契合刑事程序法治理念的要求。

1.基于后续的刑事侦查活动需要对个人信息合理使用

在刑事侦查中存在刑事目的、一般执法目的与非执法目的的场景交叉，由外而内或者由内而外的兼容使用行为时常会突破目的限制原则的理论边界。一方面，基于非执法目的或者一般执法目的收集的个人信息经常被用于后续的刑事侦查活动。例如，公安机关不断加强政企合作及警政合作，概括性地获取行政执法信息与商业信息，违背了目的限制原则的要求。另一方面，刑事司法领域收集的个人信息也会在基于一般执法目的或者非执法目的的数据处理活动中派上用场。这主要表现为刑

---

① 王锡锌：《行政机关处理个人信息活动的合法性分析框架》，《比较法研究》2022年第3期。

事数据广泛用于未来的犯罪预测与社会综合治理活动。对此，要设置目的限制原则的例外，在一定程度上允许合理的兼容使用行为，这实质上是对惩罚犯罪与保障人权的权衡，也正是无罪推定的内核。

2.刑事侦查活动中可以适度调整信息最小化原则

个人信息保护法第6条规定："收集个人信息，应当限于实现处理目的的最小范围，不得过度收集个人信息。"该规定表达出信息最小化原则的内涵，即个人信息的处理不得超过特定目的的必需期限，并在目的达成后及时销毁。然而，随着存储成本的降低以及数据处理能力的增强，大数据侦查等取证行为以数据最大化为追求，背离了信息最小化原则的本质。对此，在刑事侦查活动中可以调整信息最小化原则，建立"立即销毁—延后销毁—不销毁"的层级体系。首先，应当立即销毁与案件无关的材料，这一点在我国刑事诉讼法第152条、《公安机关办理刑事案件电子数据取证规则》第4条中均有体现。其次，应当根据诉讼主体的不同，对罪犯、被告人、犯罪嫌疑人、经法定程序宣告无罪之人、被害人与证人等其他诉讼参与人设置不同的个人信息留存的最长时限。一旦达到最长时限，主管当局应当立即采取销毁或者匿名化、假名化等数据处理措施，避免个人信息的无限期留存。最后，对于已经建立的重大案件、在逃人员、无名尸体等全国人口信息库，可以继续留用，但应当将利用手段严格限制为查询、比对等基本措施，如果要进行数据画像或者数据挖掘，则需要获得特定授权。

3.加强对刑事侦查阶段一般个人信息的保护

刑事诉讼法虽然将真实姓名、住址等信息作为身份确认机制，但对于保护一般个人信息的必要性缺乏总体认识。从正面来看，一般个人信息属于挖掘隐私信息与敏感个人信息的窗口和基础。"由于存在数据处理和联系的可能，因此，无论数据使用条件如何，都不存在毫无疑义的个人信息。"[①] 从反面来看，如果默认与纵容执法机关概括性地处理一般个人信息，则势必违背比例原则等正当程序的基本理论。保护一般个人信息并非保护其中的权利因素，而是预防一般个人信息中蕴藏的潜在风险。这需要侦查机关建立常态化机制与预防性机制，加强对一般个人信息的保护，但在保护强度上可以比照隐私信息、敏感个人信息适当降低。

4.个人信息监管机制的调整改造

个人信息保护法并未采取建立独立的个人信息监管机构的方案，而是在第60条规定由"国家网信部门负责统筹协调个人信息保护工作和相关的监督管理工作"。但从部门独立性角度而言，国家网信部门并未摆脱与政府部门的隶属关系，无法在人、财、物上保证中立性；从部门职能角度而言，个人信息保护法第61条、第62条分别规定了部门职责与具体工作内容，但是从中很难推断出国家网信部门能够对侦查机关的个人信息处理行为形成监督；从部门权力地位角度而言，国家网信部门并未取得超越公安机关、司法机关的优势地位，即便确实

[①] 赵宏：《信息自决权在我国的保护现状及其立法趋势前瞻》，《中国法律评论》2017年第1期。

存在监督活动，也可能仅停留于形式层面。因此，应当结合侦查程序的运行场景，对个人信息监管机制进行调整改造，为个人信息保护提供组织保障。一方面，应当充分发挥公安预审部门的内部监督作用，将个人信息保护纳入考核管理指标。另一方面，应当将检察机关打造成刑事诉讼中个人信息保护的监管机构。针对侦查机关违法处理个人信息的行为，检察机关应当责令改正，并对直接负责的主管人员和其他直接责任人员依法给予处分。

四、刑事诉讼电子取证行为规范化与公民数据隐私保护的平衡

随着"互联网+"时代的到来，社交媒体平台的应用场景日益广泛。为了满足用户快速获取信息的需求，社交媒体平台不断收集、存储和利用用户个人信息，已经对公民数据隐私造成严重威胁。而侦查机关要求网络公司履行配合取证的义务，如果对网络公司的行为不加以限制，会增加公民数据隐私泄露的风险。

（一）侦查机关通过社交媒体的电子取证行为严格遵守法定程序

侦查机关通过社交媒体进行电子取证的范围应紧紧围绕案件事实进行，不能简单地将电子数据直接作为证据使用，更不能与案件事实混同。侦查机关取证过程中，要严格遵守相关法

律法规的规定，不得违反正当程序原则，网络公司也不得以侵犯公民个人隐私为由拒绝对社交媒体证据进行收集。对于涉及个人隐私的信息，如社交媒体平台用户的个人信息、身份信息等，应当给予最大限度的保护，数据公开、共享、复制、传递都应具备完整的审批手续。未经授权的取证，应当因程序不正当作为非法电子证据予以排除。对于与案件无关的个人信息，如社交媒体平台的注册资料、用户评论信息等，在确认无关后，应予以封存保护，不应被侦查机关克隆、复写。

（二）网络公司配合取证行为应当被明确限定

网络公司有义务在发现违法犯罪线索后第一时间配合相关部门开展调查工作，并及时提供所掌握的证据材料。对于网络公司拒不提供证据材料的，公安机关可以将其列入失信名单，同时将该信息通报给有关部门。拒不配合取证的网络公司需要承担相应的法律责任。

但是网络公司也有义务对用户隐私数据进行保护。对于已收集到的社交媒体证据，获得授权或委托的网络公司应当及时进行保存，并定期对收集到的证据进行整理、分类和备份，确保在侦查机关需要时能够快速提取和固定，并对所提取的数据信息进行鉴定审查。对于涉及隐私的数据信息，应当指定专人保管或设置单独管理设备进行保管，明确"专人专项，责任终身"的工作原则，以确保与案件无关的数据信息不会被泄露，保障证据获取的及时性与科学性。

（三）专业数据鉴定机构的升级或引入

按照我国《司法鉴定机构登记管理办法》和《司法鉴定人登记管理办法》的规定，鼓励具备足够的专业知识的第三方网络数据机构、专业的网络公司进行司法鉴定机构的申请，完成数据保密协议的签订，从法律规则层面将第三方网络公司认定为电子数据司法取证机构，明确其取证活动是有效的法律行为，以确保电子数据证据取得程序的合法性，保障其可以作为刑事诉讼认定案件事实的依据。[①]同时，最终证据是否呈现到庭审的决定权仍属于司法机关。如果司法机关不足以根据经验对取证机构获取的证据做出准确判断，或有证据证明取证机构"自取自查自鉴"行为出现失误以及存在"先入为主"的错误，为保障社交媒体证据的真实性以及在庭审中的有效性，可以由其他有鉴定资格的司法数据鉴定机构再次检验电子数据，出具专业的鉴定意见。

（四）非法证据排除规则在社交媒体电子取证行为中的适用

证据直接影响案件事实的查明以及诉讼结果的公正性。在无罪推定的影响下，我国确立了非法证据排除规则。涉网络犯罪案件不断涌现，司法机关对非法电子证据的排除也应当随着网络技术的发展及时进行更新与调整。

首先，程序法并不禁止对被追诉人有利的类推解释，对于

---

① 任庆华:《电子证据取证规范化初探》,《中国人民公安大学学报》(自然科学版) 2010年第16期。

违反程序获得的电子证据，应当予以裁量性排除。即对我国刑事诉讼法第56条采用扩大解释，可通过补正、合理解释等方式进行证据属性的认定；不能补正或者做出合理解释的，该证据不能作为定案的依据。对于其他电子取证行为得到的瑕疵类证据，根据《关于办理刑事案件收集提取和审查判断电子数据若干问题的规定》第27条的规定，同样可以予以裁量性排除。社交媒体取证，尤其是对动态数据的取证过程较为复杂，如果仅存在取证瑕疵或者程序违法，结合具体案情、具体取证程序进行分析，予以补正，有利于保障侦查或诉讼的连贯性与高效率。

其次，数据的虚拟性增加了数据被篡改的可能性、无痕性，对于数据源污染类电子证据，应当予以绝对性排除。电子证据与传统证据的根本不同就在于证据的产生与表现形式均立足于数字的有序性及计算机程序算法的规则性。即便计算方法无误，但一个数字的改变足以造成最终结果的极大偏离，检验程序复杂且麻烦，尤其得来的证据的真实性无法验证，应当予以排除。根据上文，社交媒体取证数据源溯源分析的目的不仅在于开辟获得证据的新路径，更在于探求、验证证据来源与传输过程是否遭受"污染"、发生数据变更，为排除非法电子证据或增加证据的真实性提供理论价值。

最后，构建社交媒体取证信息披露制度，完善社交媒体取证过程中侵犯数据隐私权的救济措施的构建。具体是指，在收集和使用社交媒体证据时，侦查机关应主动向被调查人或其他利害关系人披露相关信息，并允许其查阅、复制或以其他方式使用。[①]在利用社交媒体取证案件办理过程中，应当告知当事人所享有的权利，确保当事人知晓自己所享有的知情权和隐私权，防止被调查人或其他利害关系人在取证过程中出现滥用权利或侵犯他人合法权益的情形。规范构建社交媒体取证信息披露制度，是侦查机关遵循正当程序原则的重要体现，一方面明确了国家机关在社交媒体取证过程中的程序与责任，另一方面也保障了公民对自己的个人信息享有的权利的行使。

社交媒体取证信息披露过程中，当事人或其他证据相关人发现社交媒体证据存在瑕疵时，可以要求侦查机关做出合理解释，否则证据应予以排除；同时，如果该证据经查证属实，确实侵犯了公民隐私权，应当立即采取封存手段，排除其证据资格，并允许当事人或其他被侵害人向有关机关申诉，要求侦查机关纠正相关侵权行为或停止侵害。若确实造成了不可挽回的损失，可依规申请国家赔偿。

五、结语

在数字时代，无罪推定的践行面临新的考验。网络信息技术的进步为犯罪行为提供了新的工具和空间，大数据的普及改变了犯罪的形态，使犯罪活动不再局限于特定的地域和人群。这些变化对传统的犯罪预防和侦查方法构成了挑战，同时也对无罪推定的践行提出了新要求。

[①] 叶媛博：《我国跨境电子取证制度的现实考察与完善路径》，《河北法学》2019年第11期。

电子数据，如通信记录和社交媒体活动记录，成为刑事侦查的重要资源。它们可以帮助侦查人员发现犯罪模式，识别犯罪嫌疑人，并有效打击犯罪。然而，这种依赖电子数据的侦查方式也可能带来对个人隐私权的侵犯，尤其是在没有足够法律约束的情况下，可能导致无辜公民的个人信息被不当使用。

因此，我们必须在新的技术环境下，重新审视和强化无罪推定的践行。这要求立法者和司法实践者在制定和执行相关法律时，既要充分发挥电子数据在刑事侦查中的作用，又要确保对个人信息合法、合规处理，防止对公民权利的不必要侵犯。通过这种方式，我们可以在维护公共安全的同时，保护公民的合法权益，确保无罪推定在数字时代得到有效贯彻。

第二节　无罪推定视角下刑事案件远程审理中辩护权的保障

一、问题的提出

2007年左右开始在司法实践中探索和发展刑事案件的在线远程提讯和庭审。上海市第一中级人民法院的在线审理尝试，以及随后对远程庭审规则的研究和推广，标志着这一新形式的逐步成熟。[1]最高人民检察院也在其发展规划中提出了建

---

[1] 庄绪龙、田然：《疫情期间刑事案件"视频庭审"的正当性》，《法律适用》2020年第5期。

立远程提讯系统的设想,而杭州西湖法院的实践则展示了远程审判在提高效率方面的潜力。①2020年,我国进一步加速了在线诉讼的广泛应用,随着相关规则,如《人民法院在线诉讼规则》的制定,在线诉讼成为司法实践的一个重要组成部分。从当前的情况来看,在线诉讼在民事领域推行较快,适用范围较广,在刑事领域则推行较慢,主要原因在于在线诉讼环境可能会对被告人辩护权的行使产生诸多负面影响,不利于被告人辩护权的实现。在无罪推定视角之下,辩护权是刑事诉讼中被告人的基本诉讼权利之一。被告人辩护权直接关系到无罪推定在一国刑事司法程序中的落实情况,是无罪推定内涵中正当程序的重要组成部分。因此,刑事在线诉讼的推行关键在于被告人辩护权的有效保障,这不仅直接影响被告人重要诉讼权利的实现,也是维护控辩平等和诉讼公正的核心要素。探讨在线诉讼中被告人辩护权的保障,不仅有助于提升刑事司法的整体质量,也是确保无罪推定得以贯彻的重要途径。通过深入分析和改进在线诉讼制度,可以更好地维护被告人的辩护权,促进司法公正和效率的平衡。

二、在线诉讼在刑事案件中的适用

在线诉讼与传统诉讼方式相比,具有显著特征。通过互联网进行的诉讼活动具有虚拟性,智慧司法工具的应用使诉讼程

---

① 邵天一、黄华、张杨清:《对"网络远程审判模式"的调查与思考》,《中国审判》2010年第9期。

序更加智能化，而整个诉讼流程的推进则依赖于数据的一体化处理和信息技术的支持。无论是内部还是外部的在线诉讼方式，都可能对传统的辩护制度产生影响。例如，内部在线化通过信息技术实现了司法机关之间的紧密协作和案件的高效处理，但这可能与诉讼构造的要求不完全相符，存在缩小辩护空间的风险。为了更具体地探讨在线诉讼对被告人辩护权的影响，本文将重点讨论狭义上的在线诉讼在刑事诉讼中的应用，主要包括以下几个方面。

（一）在线查证案件事实及证据开示

在线查证案件事实是指借助网络音频通信技术等通过与犯罪嫌疑人、被告人等的互动，对案件事实进行查证的过程。主要包括公安司法机关工作人员借助相关设备对犯罪嫌疑人、被告人进行远程提讯，在线获取证人证言、被害人陈述和核实证据等。[1]在线证据开示是指通过网络传输技术，将案卷材料向辩护律师开示，即辩护律师通过在线方式行使阅卷权。目前，我国在线阅卷主要通过"12309"中国监察网进行。除此之外，律师在线会见被告人也在近年得到了广泛适用。

（二）在线庭审

《人民法院在线诉讼规则》将刑事案件在线开庭审理的适

---

[1] 全国检察机关依法办理妨害新冠肺炎疫情防控犯罪典型案例（第五批）、浙江法检联合公布全省妨害新冠肺炎疫情防控犯罪典型案例（第一批）、《最高人民检察院关于人民检察院适用认罪认罚从宽制度情况的报告》等。

用范围限制在刑事速裁程序案件，减刑、假释案件，以及因其他特殊原因不宜线下审理的刑事案件。虽然规则对刑事案件在线诉讼的适用范围规定得比较狭窄，但是根据检察机关的调研数据，在2019年与2020年，我国判处不满三年有期徒刑及以下刑罚案件占刑事案件比例分别为78.7%和77.4%，[①]较之前有较大提升。同时，认罪认罚从宽制度在2021年及2022年1—9月的适用率均超过85%。[②]因此，理论上符合刑事速裁程序适用条件的案件数量非常可观，能够适用在线诉讼审理的案件也有一定的数量。除此之外，因其他特殊原因不宜线下审理的案件这一弹性类别的规定在一定程度上扩大了案件的适用范围。

（三）在线推进程序性工作

除了前述的内部和外部的在线化，现行的规范性文件也逐步允许通过在线方式推进一些程序性工作。这包括通过电子方式进行文书送达、通过视频方式听取辩护人的意见、在线宣告判决以及在线告知当事人的权利和义务等。例如，根据《最高人民法院关于适用〈中华人民共和国刑事诉讼法〉的解释》（法释〔2021〕1号），第221条规定允许通过电子方式进行文书送达，第650条则明确了可以采取视频方式讯问被告人，宣告判决，审理减刑、假释案件等。这些规定表明，刑事诉讼的在线化正在逐步扩展，涉及更多的诉讼环节。

---

① 《2020年最高人民检察院工作报告》。
② 《2022年最高人民检察院工作报告》；《最高检发布2022年1至9月全国检察机关主要办案数据》，载最高人民检察院公众号，2022年10月15日发布。

三、刑事案件在线诉讼对辩护权的可能冲击

刑事辩护是指受到刑事控告的人为了推翻或削弱起诉方指控的罪名，提出被指控者无罪或者罪轻主张的诉讼活动，既包括委托辩护人辩护，也包括被告人自行辩护。刑事案件在线诉讼可能会对辩护权的行使造成冲击。

（一）在线会见对会见权行使的影响

在线会见作为刑事辩护的新形式，虽然具有便利性，但也引发了人们对在线会见对无罪推定影响的担忧。

首先，在线会见可能增加被监听的风险，这不仅侵犯了律师与被告人之间的保密性原则，也可能损害被告人的无罪推定权利。如果被告人的隐私和辩护策略在未经授权的情况下被泄露，可能导致公众对被告人有罪推定，从而影响案件的公正审理。

其次，在线会见可能影响律师与被告人之间的沟通质量，这对维护无罪推定至关重要。[1]有效的沟通有助于律师充分了解案件情况，为被告人提供有力的辩护，而沟通不畅可能削弱辩护效果，不利于揭示事实真相和保护被告人的法定权利。

最后，辩方是否拥有选择会见方式的权利直接关系到无罪推定的实现。律师和被告人应当有权根据案件的具体情况和辩

---

[1] 陈瑞华：《刑事辩护的理念》，北京大学出版社2017年版，第296页。

护的需要，选择最有利于案件的会见方式。如果律师认为面对面会见更有利于保护被告人的权利，应当有权要求这种会见方式。确保辩方的选择权得到尊重和保障，有助于维护刑事诉讼的公正性，保护被告人的合法权益。

综上所述，虽然在线会见在刑事辩护中具有一定的实践价值，但其对无罪推定的影响也不容忽视，必须通过制度完善和技术改进保障在线会见的安全性和有效性。

（二）在线诉讼对阅卷权行使的影响

辩护人的阅卷权是刑事诉讼中的一项重要权利，它允许律师自案件审查起诉之日起查阅、摘抄、复制案卷材料，以准备辩护。电子卷宗的应用和在线阅卷为律师提供了便利，使查阅过程更加高效。然而，这一发展趋势也具有潜在的风险，尤其是在保障无罪推定方面。

首先，电子卷宗的生成和上传过程中可能出现的失真问题，如资料顺序混乱、图像模糊等，可能影响律师对案件信息的准确理解，从而妨碍其为被告人提供有效辩护。[1]这种情况违反了无罪推定，因为它可能导致律师无法充分准备辩护，影响被告人获得公正审判的权利。

其次，司法智能辅助工具的应用日益广泛，辩方可能无法了解这些工具的算法和运作机制，从而对案件的公正处理产生影响。如果算法中存在偏见，可能会导致对被告人不利的判

---

[1] 朱桐辉、王玉晴：《顶层设计与绩效改革——检察机关电子卷宗的应用效果透视》，《昆明理工大学学报》（社会科学版）2019年第6期。

断,这同样违反了无罪推定,因为它可能导致被告人在不知情的情况下受到不公正的对待。①

最后,被告人的"阅卷权"及"阅卷权"的行使也可能受到在线阅卷流程的冲击。虽然现行法律并未正式确认被告人的阅卷权,但实践中律师通过会见时向被告人核实证据的方式,实际上为被告人提供了了解控方证据的机会。②在线阅卷的实施可能会影响被告人"阅卷权"的行使,如电子卷宗的失真问题和远程会见系统的限制,这可能会削弱被告人了解和质疑控方证据的能力,从而影响其无罪推定的权利。

因此,为了确保无罪推定得到充分尊重和实施,需要对在线阅卷的流程和电子卷宗的管理进行严格规范,确保信息的准确性和完整性。同时,应当为辩方提供充分的信息披露,包括算法的透明度和公正性,以及确保被告人能够有效行使"阅卷权",从而保障其辩护权和获得公正审判的权利。

(三)在线庭审对法庭辩护效果的影响

在线庭审突破了时空限制,使各诉讼主体不必处在同一物理空间即可参与同一场庭审活动。虽然目前的在线庭审并没有改变传统庭审严谨的诉讼程序,而是将诉讼活动的主体由线下法庭转移到线上,但仍然对传统的诉讼原则造成了一定的冲击。同时,视频传输技术的不稳定会影响诉讼各方的参与

---

① 高通:《在线诉讼对刑事诉讼的冲击与协调——以刑事审判程序为切入点》,《南开学报》(哲学社会科学版)2022年第1期。
② 陈瑞华:《论被告人的阅卷权》,《当代法学》2013年第3期。

效果。

第一，庭审中参与人的语言、表情、神态、行为等情态证据是法官认定言词证据真实性的重要参考，但在线庭审会对情态证据产生过滤效应。[1]这会给直接言词原则带来一定的减损，从而影响庭审效果。

第二，在线庭审中物理空间的隔离使被告人与辩护人之间的联系更为薄弱。虽然在我国法庭设计的背景下，辩护人与被告人在开庭过程中的私下交流机制难以产生，[2]但是当辩护人与被告人处于同一空间时，在进行法庭辩论与质证时能够在心理上提供支撑，增加双方的信任度。而在线上庭审的场域下，被告人与辩护人空间上的分离可能加剧被告人的无助感，影响辩护效果的发挥。

第三，当庭审从面对面转变为屏对屏，实物证据的屏幕化展示可能削弱物理空间的感官刺激，从而影响质证效果。

综上所述，在线庭审的庭审虚化的风险使律师在线下辩护时面临的"发问难""质证难""辩论难"等难题，在在线庭审时仍会进一步削弱辩方力量。线上庭审对法庭质证和法庭辩论的影响也可能是《人民法院在线诉讼规则》将刑事案件的在线诉讼范围限制在一般不进行法庭调查、法庭辩论的刑事速裁程序案件以及不需要开庭的减刑、假释案件等的重要原因。除了上述在线庭审对法庭质证、辩论带来的冲击外，在线庭审过程

---

[1] 张鸿绪:《论我国远程作证中情态证据的程序保障——兼评〈人民法院在线诉讼规则〉》,《政法论丛》2021年第4期。
[2] 刘树德、罗灿:《刑事法庭布局的新突破与新构想》,《人民法治》2016年第5期。

中被告人所处场所的不同也会对被告人的辩护行为产生影响。在线下诉讼中被告人从羁押场所被带到法庭上进行庭审，并且不再需要穿着任何带有有罪标志的衣服。[①]而在线庭审的过程中，处于羁押状态的被告人一般在看守所中远程参与庭审，并没有脱离羁押场所，因此所造成的心理影响可能不利于被告人在为自己辩护以及发表最后陈述的过程中表达真实意愿。

四、在线诉讼中刑事辩护权的行使保障

在最开始推行远程庭审时，由于刑事案件具备内部专网传输条件，被认为相较于民事诉讼在技术上更具备开展远程庭审的可能性。但是实际上受刑事诉讼对被告人的程序保障更为严格等因素的限制，刑事诉讼的在线化尝试并没有获得大范围的推广。通过上述分析，在线诉讼确实会对辩护权的行使造成一定冲击，这成为推进刑事案件在线诉讼必须解决的问题，也是随着《人民法院在线诉讼规则》出台，在线诉讼适用进一步普遍化需要应对的现实问题。虽然在线诉讼制度蕴含着诉讼效率的重要价值，但是不能因为过于强调效率而忽视权利保障问题。

在线诉讼中辩护权可能受到的冲击一部分是由技术问题造成的，比如远程在线会见，庭审中的视频、语音传输的稳定性，在线阅卷中电子卷宗的失真问题，甚至是远程视频会见的

[①] 贺小荣、刘树德、罗灿:《〈关于刑事被告人或上诉人出庭受审时着装问题的通知〉的理解与适用》，《人民司法》2015年第15期。

保密性问题等，都可以通过改进在线技术、升级相关设备、营造专用空间、加强保密手段等在一定程度上解决。但是由于制度机制的缺失或不足造成的权利减损及影响仍然需要通过制度手段规制，也仍然具有进一步讨论的必要。

（一）在线会见的适用规范及权利保障

律师会见权是指辩护律师持律师执业证书、律师事务所证明和委托书或者法律援助公函要求会见在押的犯罪嫌疑人、被告人的，看守所应及时安排会见。会见时律师可以了解案件有关情况并提供法律咨询等，自案件移送审查起诉之日起可以向犯罪嫌疑人、被告人核实有关证据。会见的过程依法不被监听，并且含有禁止有关人员"在场"的含义。[1] 在线会见时，线下会见时辩方所具有的权利不应受到减损，因此仍需确保会见的及时性并且保障技术安全、不被监听等。由于在线会见可能导致会见效果的削弱等，所以需要对在线会见的适用进行必要的规范。

1.明确在线会见的适用范围

考虑到远程视频会见的特殊性，对其适用范围应当加以适当限制。并非所有案件及会见情形都适宜通过远程视频形式进行，当出现某些复杂或特殊情形时，辩护律师应前往看守所线下会见而不进行线上会见。例如出于对会见效果、会见人员情况、案件管理情况等方面因素的考虑，《北京市公安局律师远

---

[1] 黄文旭、袁博、周嫣：《论刑事辩护律师会见权的实现》，《中国刑事法杂志》2013年第12期。

程会见相关规定》认为当存在律师第一次会见犯罪嫌疑人、被告人的；犯罪嫌疑人、被告人不通晓汉语，需要翻译人员在场的；非本区看守所所属公安机关侦办的等情形时不应适用远程视频会见。通过对在线会见的适用范围进行明确可以规范在线会见进行并保持最低限度的会见有效性。[①]

2.辩方对会见形式的选择权

除了上述不应适用远程视频会见的情形外，选择何种形式会见应该是辩方的权利。在律师的会见内容主要是向犯罪嫌疑人、被告人了解案件有关情况，提供法律咨询等的情况下，语音、视频交流即可满足会见需求，并且具有便捷、高效的优势；当律师的会见内容涉及核实证据等时，线下会见更能保证会见效果。如果会见形式仅由看守所安排决定，将对辩方会见权的有效行使造成减损。辩方根据会见需求选择会见形式是保障辩方有效辩护的应有之义。为此，需要畅通辩护律师申请线上会见渠道，并在非疫情防控期间保障线下会见申请的及时处理。

（二）阅卷权内涵的丰富

除了提升技术水平解决在线阅卷过程中存在的案卷真实性保障问题，为应对在线诉讼对阅卷权行使的冲击，可以通过扩展案件信息的开示范围和探索赋予被告人庭前阅卷权以保障阅卷权的行使，达到有效辩护的实现。

[①] 卞建林、曹璨：《信息化时代刑事诉讼面临的挑战与应对》，《吉首大学学报》（社会科学版）2021年第5期。

1.扩展案件信息的开示范围

随着司法过程中信息化水平的不断提高,控辩双方获取信息、处理信息的能力差距越来越大,形成数字鸿沟。加上在一定程度上影响检察官、法官判断的司法辅助工具的算法不公开、控辩双方的算力差别大等因素,进一步侵蚀了控辩平等的诉讼格局。这一问题在在线诉讼的场景下依然存在甚至更加突出。为此,需要提升辩方获取信息的能力。传统阅卷权的范围是指本案的案卷材料,因而律师所能获取的案件信息主要来源于案卷材料。将可能影响法官心证、判决结果的信息,例如量刑辅助工具的算法等向辩方公开,同时给予辩方处理信息的时间和专业性保障,对于保障控辩平等的实现具有积极意义。

2.探索赋予被告人庭前阅卷权

阅卷权方面的保障除了扩展辩方可获取信息的范围,还可以探索赋予被告人庭前阅卷的权利。如前所述,刑事诉讼法规定辩护律师在会见时可以向犯罪嫌疑人、被告人核实证据,事实上承认了被告人享有一定的阅卷权。[1]对于被告人本人的阅卷权,已有学者论证其积极价值、必要性、可行性,提出赋予被告人阅卷的权利。[2]在线诉讼情形下,远程视频会见可能会对律师向被告人核实证据带来不便,在线庭审当庭质证的效果可能受到削弱,此时赋予被告人庭前阅卷的权利能够弥补上述不足,也不失为给予被告人阅卷权的有益尝试与探索。当然,

---

[1] 陈学权:《论被追诉人本人的阅卷权》,《法商研究》2019年第4期。
[2] 邰占川:《论刑事被告人"阅卷权"及其实现途径》,《兰州学刊》2015年第6期。

基于保障刑事诉讼顺利进行等因素的考虑，被告人庭前阅卷权需要受到一定的限制，涉及可能影响侦查进行、国家秘密、个人隐私以及其他严重危及他人利益的相关案卷材料、证据信息不能向被告人直接开示。

（三）在线庭审规则的细化及补充

目前，《人民法院在线诉讼规则》整体内容更注重民事在线诉讼的规范与运行，这与在线诉讼在民事案件中的适用更为普遍有关，而刑事案件的在线庭审尚缺乏详细规则指引。对刑事案件的在线庭审规则进行细化、补充有助于提升庭审效果，防止庭审虚化。

首先，需要规范庭审流程，以契合在线庭审的特殊性，实现庭审的实质化、有效性。在审判前需要确认当事人是否同意在线庭审并明确适用模式，确定参与人名单并及时告知参与庭审的注意事项、法律后果，通知参与人按时上传案件数据、证据等。确定适用在线庭审后及时安排庭审，准备相关设备。开庭前验证各诉讼参与人身份并再次核实参与在线庭审的自愿性。在法庭审判阶段不得任意简化相关流程。

其次，明确庭审模式的转换机制。当发生被告人认罪认罚反悔、案件出现新证据等复杂情况，不适宜继续在线庭审时，应及时转为线下审理，防止程序混乱、庭审拖沓。

最后，应注重庭审场所、规范着装并严肃法庭纪律。在线庭审过程中，法官、检察官、当事人、律师等各方参与人应当在规范、无干扰的场所参与诉讼，注意着装规范、标准，尽量减少在线形式对法庭仪式感的削弱。同时，被告人在看守所参与在线庭审可在专门的远程视频讯问室进行，保障设备通畅，并且不穿着带有有罪标志的衣物，减少场所威慑及压力对被告人参与庭审的影响。

（四）律师在线辩护规则的逐步构建

目前，学界已有学者对民事在线诉讼中律师在线诉讼规则的构建进行研究。刑事案件在线诉讼也可以逐步构建律师在线辩护规则，为律师在线行使辩护权提供指引，以适应在线诉讼发展的需要。在线诉讼中通过互联网进行的时空交互具有虚拟性，诉讼程序由于智慧司法辅助工具的适用等具有智能化特点，流程推进具备数据处理一体化等特征，与传统诉讼有很大不同。律师执业诉讼规范、人民法院法庭规则等规定了律师线下参与诉讼的行为规范，但是不能满足在线诉讼的需要，规则的缺失不利于规范的在线诉讼关系与秩序的形成，也可能影响当事人的诉讼利益。因此，可以通过逐步构建律师在线辩护规则，从线上身份识别、设备及场所的技术要求、庭审信息传播规则等方面对律师进行指引。

五、结语

随着数字社会的兴起，数字技术已经渗入国家治理、企业运营和个人生活的各个方面，法律领域也不例外。刑事诉讼法在这一背景下正经历着深刻的变革。在数字社会中，控辩双方在信息获取和处理能力上的差异可能导致诉讼力量不平衡，特别是在算力资源不对等的情况下，这种不平衡可能更加明显。在线诉讼作为数字社会在司法领域的体现，其发展对刑事辩护权的行使提出了新的挑战。在线诉讼可能影响辩方的会见权和阅卷权，因为在线上环境中，律师与被告人的交流可能受到技术限制，而电子案卷的质量和可访问性也可能成为问题。此外，庭审过程的在线化可能会削弱质证和辩论的效果，从而影响辩护的质量。在这种情况下，国家权力机关由于掌握大量案件数据和先进的数据分析技术，可能在诉讼中占据优势地位。为了保持诉讼的公正性和控辩平等，必须特别注意辩方权利的保障。在推行在线诉讼的过程中，不仅要解决技术问题，确保在线诉讼的稳定性和可靠性，更要重视权利保障制度的完善，包括确保被告人的无罪推定权利得到尊重，即在没有充分证据证明其有罪之前，应当被视为无罪。这意味着在线诉讼需要为被告人提供充分的信息获取渠道和辩护机会，保障其能够有效地质疑控方的证据，从而维护司法公正和被告人的合法权益。

余论：无罪推定在我国刑事司法中的未来

在新中国刑事诉讼制度的发展历程中，有罪推定与无罪推定之间的"争斗"一直持续着，它们代表着国家对待被追诉人的截然不同的两种方式，进而投射出国家对公民基本权利的尊重和保障程度，以及国家权力的运作模式。无罪推定对我国刑事诉讼制度发展所产生的影响毋庸置疑，但我国刑事司法从有罪推定向无罪推定思想转变和制度革新的过程却仍在继续，根源在于中国社会根深蒂固的"国家本位主义"思想。这一思想主张的是重国家、轻个人，重权力、轻权利，重实体、轻程序，与无罪推定赖以确立的理论基础——"以人为本"人权观的树立与以民主和法治为核心特征的"民授合法性基础"的确立完全背道而驰，相反却可以为有罪推定的延续提供合适的"环境"，无怪乎我国从有罪推定向无罪推定迈进的道路困难重重。因此，如何克服和消除长久以来"国家本位主义"思想对我国的影响自然成为无罪推定在我国刑事诉讼制度构建和司法实践中所必须面对的问题。

我国刑事诉讼法从1979年制定，历经40多年，其间经历了3次修改，其进步与发展举世瞩目。从"拨乱反正，有法可依"

到"无罪推定""疑罪从无",再到"尊重和保障人权",伴随着我国依法治国的进程,刑事诉讼程序也在不断地迈向科学、民主、文明。时至今日,我国刑事诉讼制度最基本的中国特色已然在立法中得到彰显,那就是"中国共产党'以人民为中心'的发展思想在诉讼中的适用",而这正是无罪推定在我国历经多年学术争论、立法反复和实践探索后,去伪存真所呈现出来的最核心的内容,昭示着我国刑事诉讼制度坚持"以人民为中心",坚持"人权保障原则",坚持"人本主义"。

无罪推定对我国刑事诉讼制度的影响已是必然趋势,但随着经济、文化、科技的快速发展,如何在诸多新问题、新挑战之下坚持和践行无罪推定成为我国刑事诉讼制度发展的新课题。无罪推定权利化应当成为无罪推定在我国刑事诉讼制度中发展的方向,推动社会形成无罪推定应当被作为一项公民基本权利而获得尊重和落实的意识和观念,使无罪推定的理念渗入我国社会之中。

一、深化公安司法机关"以人为本"保障公民权利的诉讼理念

无罪推定作为一种权利理念,最终的落脚点始终还在社会观念之中,始终还在社会公众的内心之中。因此,立法只不过是外在的强制手段,最终需要的是从外在强制向内在自制的转变,这便需要在社会中培养无罪推定权利意识和诉讼理念。这意味着公安司法机关应当承担保障公民无罪推定权利的义务,

将其作为自身固有的职责并切实地遵守；被追诉人应当勇于主张和维护自身的权利，推动无罪推定权利在司法中实现；社会公众应当树立无罪推定观念，将无罪推定权利视为自身的一项基本权利，对司法过程中他人主张无罪推定权利的行为予以支持和理解，对司法机关依据无罪推定做出的判决予以接受和认可。

无罪推定不是恩赐和施舍，它体现着国家对公民权利的尊重和保障，是"以人为本"在刑事司法中的体现。因此，公安司法机关是维护公民无罪推定权利的义务主体。作为义务主体，公安司法机关在行使国家刑罚权的过程中，首要考虑的便是如何确保无罪推定权利的落实，在尊重并保障公民该项权利的前提下，运用国家权力查清案件事实从而使刑罚权得以落实，才是刑事法治理念的真正体现，这样的刑事诉讼活动才是国家刑罚权合法化运作的体现，才能为刑罚权的运作提供合法性支持。"尤其是对于侦查机关来说，涉及到从调查立案的一开始是否就树立了程序上对犯罪嫌疑人无罪对待的意识，在对犯罪嫌疑人的人身、财产需要采取强制性措施时，是否注意到要遵守比例原则。对于犯罪嫌疑人、被告人应该享有的法律上的帮助和律师辩护权的维护，是否都予以了最大可能的满足等等情况，不但需要每一位侦查人员引起重视，在具体的形式活动中体现出来，更需要每一个机关的一把手领导，特别是主管领导首先要予以重视，有法律规定的严格依法办事，制度规定不到位的，按照无罪推定权利的精神要求去做，并对具体的办案人员进行指导和监督。"①

无罪推定同时也是一项程序性权利,其目的在于确保被追诉人在刑事诉讼过程中居于与国家机关同样的地位,被追诉人的权利能够足以抵御国家权力。必须强调的是,它与案件事实是无涉的,主张和维护被追诉人的这一权利,并不意味着对案件事实做出任何有倾向性的判断,不意味着司法机关的偏袒,不意味着被追诉人自身"认罪态度不好"而应当受到加重惩罚,也不意味着司法机关在查清案件事实、惩罚犯罪的过程中包庇、迟疑或者退缩。每个人都有可能成为被告人,无罪推定旨在确保法律公正地对待所有人,而不是针对特定群体。如果在司法实践中,无罪推定似乎更多地惠及某些人群,这反映出的可能是司法制度执行中的不平衡,而非无罪推定的问题。因此,我们应当客观地看待这一基本权利,并通过司法实践确保其对所有的公民公平适用,不因个别案例而否定其重要价值。

二、通过交流和对话解决中西法文化冲突

无罪推定是来自西方的法学思想,我国对该原则的确立还必须解决中西法文化的冲突。这种中西法文化的冲突是客观存在的,虽然可能会对我国法治建设造成种种障碍,但是若能对这些冲突进行中国的解释,找到解决它们的节点,那么对我国法治建设不仅无害反而助益良多。那么这个节点究竟是什么

---

① 龙宗智主编:《徘徊于传统与现代之间——中国刑事诉讼法再修改研究》,法律出版社2005年版,第40页。

呢？站在不同的角度，也许会有不同的答案。笔者认为，文化冲突是一种客观的存在，这种存在"不是要贬扬某种文化，而是要追问历史文化中的意义真实。哪里有真实的价值，就奔向哪里，无论东方还是西方。民族的文化情感不是真理的评判根据，精神的冲突以相互辩难为共同基础，而不是一方强逼另一方。精神意义的共同性与普遍性从来不是作为某种既成的东西被占有的，它仅仅在精神冲突的追问过程中显示出来；当我们承认，冲突的双方都处在历史蒙蔽的虚妄之中，仅有通过相互辩难才能消除蒙蔽，并且承认双方有一致的话题作为共同基础，冲突的对话就成为精神的追问"。[①]由此可见，中西法文化相互融合的过程中势必会出现冲突，面对冲突首先不能固守一隅，抱残守缺，也不能不加思考，信手拈来，唯有在"交流和辩难"中，直面冲突的锋芒，并且在冲突的双方之间架构起能够交流的话语体系，将冲突双方纳入这一体系之中，通过话语交流寻找二者的共同之处，寻找解决冲突的途径。这将成为我国法治国家建设过程中必需的经历。

从有罪推定到无罪推定，既是制度革新的过程，更是思想启蒙的过程。这个过程发生在学术研究之中，发生在立法活动之中，发生在司法实践之中，更发生在每一个公民内心之中。自新中国成立至今，有罪推定不断式微，无罪推定逐渐确立，从最初饱受批判的"资产阶级的毒草"成为今天我国刑事诉讼法的基本原则之一，且正朝着成为公民基本人权的方向迈进。

---

① 刘小枫：《拯救与逍遥》，上海三联书店2001年版，第14—15页。

这绝不仅仅是一个刑事司法原则的确立，而是我国逐步走向政治民主、人权保障和法制完善的一个缩影。因此，无罪推定在我国获得认可的意义已经超越了刑事司法领域，不可避免地涉及"以人为本"科学发展观在我国司法领域的确立和发展，最终表现为国家权力与公民权利在司法实践中的动态平衡。

三、智慧法治背景下应对无罪推定带来的新挑战

近年来，在数字经济发展的驱动下，数字技术在司法领域的运用日益广泛。我国于2006年开始试点网络庭审公开及裁判文书网上公开，最高人民法院于2016年建立了三大司法公开网络平台，我国的庭审公开方式已经发生巨大变化，庭审的公开由传统的打开大门到现在的搬到网络上，受众数量和种类已不可同日而语。根据《2022年最高人民法院工作报告》，中国裁判文书网公开文书1.4亿份、访问量逾千亿次，中国庭审公开网直播庭审超过2100万场。数千万案件的审判流程信息数据、几十亿计的公开案件信息项、千万场直播庭审、百亿级的在线观看人数，[①]这是我国司法公开的巨大成就。但对当事人而言，则意味着自己当年与他人的纠纷一直被记录在网络上，他人随时可知。网络庭审直播无疑为社会各阶层渗入司法活动开辟了渠道，为社会各阶层提供了广阔的舞台，他们通过这一舞台提出各种诉求，在很大程度上提升了我国的司法公开

---

① 王珊珊：《让公平正义以看得见的方式实现——聚焦最高法工作报告中的"公开印记"》，《人民法院报》2023年3月13日，第4版。

程度，却也对我国刑事司法领域中关于无罪推定的探索和践行带来了新的挑战。

通过网络进行庭审直播最直接的效果便是形成了司法"广场效应"，容易导致公众判意的产生。公众判意是指社会公众对司法案件处理的主流性意见。其中，公众是指司法机关以外，与案件无直接联系而以各种方式表达意见的各种主体；而判意是指在纷繁复杂的公众意见中，居于主流地位的意见。公众判意虽然渗透着公众独到的智慧，体现着公众正当的要求，可以作为司法机构处理案件的重要参考并有益于推动司法民主化，但是公众判意也可能导致舆论审判、忽视程序正义、裹挟社会情绪，最终妨害司法公正。尤其是当法官对事实不清、证据不足的案件根据无罪推定的要求做出无罪判决时，极易与公众判意产生背离，从而可能面临来自公众的更大的压力。

出现新的问题就需要寻求新的对策。无罪推定的确立最根本的在于观念的转变，只有构建科学、民主、文明的司法理念，我国刑事司法领域才能给无罪推定提供最适合的土壤，推动我国刑事司法真正实现公平正义。